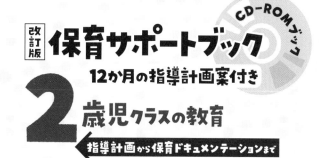

改訂版 保育サポートブック
12か月の指導計画案付き
CD-ROMブック

2歳児クラスの教育
指導計画から保育ドキュメンテーションまで

JN014283

乳幼児教育は、その後の人生に大きな影響を与えます。幼保連携型認定こども園、保育所、幼稚園などの集団における教育環境は、小さな子どもが初めて社会の一員として生活する、重要な機会となります。一人ひとりの発達の違いに配慮された集団の中での学びは、家庭とは違った成長を促します。このような環境での学びを保護者とともに喜び、情報を共有していくための一つの発信方法として有効とされるのが保育のドキュメンテーションです。

今回の改訂版は、平成30年に改定された認定こども園教育・保育要領や保育所保育指針、幼稚園教育要領を基に見直したものです。旧版も、養護と教育の5領域を基本に行われる乳幼児教育の理念に沿って書かれており、改訂版でも、ドキュメンテーションの保育内容自体は変わっていません。けれど平成30年度の改定で、ねらい・内容が対象年齢によって、乳児期（0歳）の3つの視点、満1歳から満3歳未満（保育所では1歳以上3歳未満）の5領域、満3歳以上（保育所では3歳以上）の5領域、の3つに分かれたことや、幼児期の終わりまでに育ってほしい10の姿や育みたい資質・能力などが新しく示されたことを受けて、加筆されています。

本シリーズでは、各年齢の「発達のようす」を知り、発達に基づいた「指導計画」を作成し、「あそびプロジェクト」を設定、より具体的な「保育のねらい」と「保育ドキュメント」を提示し、「保育ドキュメンテーション」を作成する形をとっています。子どもがどのように関わり、何を学び取ったのかをわかりやすくまとめた全国の認定こども園や保育園の開示例を挙げています。今後の保育の有効なツールとして、現場の皆様に大いに活用していただければ幸いです。

2歳児は、基本的生活習慣の確立が大きな目的です。大人の言うことを理解し、自分の思いを未熟ながらも大人に伝えようとする意欲と力がついてきます。と同時に自己主張が強くなり、探究心の強さや自己確認のため「なぜ？　どうして？」の質問が次々と発せられ、知識欲の塊のような時期なのです。この時期の大人の対応がその後の子どもの自己発信の仕方に大きく影響してきます。「あわてず、ゆっくり、だけどしっかり」と関わるよう意識することが大事です。また平行あそびの時期ですが、他児との関わりにもおもしろさを感じ始めます。集団への関わりを上手にコントロールしてあげましょう。

2021年2月
保育総合研究会会長　椛沢幸苗

もくじ

改訂版保育サポートブック　2歳児クラスの教育CD-ROM

マークのあるページは、フォーマットデータをCD-ROMに収録しています。
CD-ROMの詳細については、P3をご覧ください。
本書に収録されている内容は、あくまでもひとつの案です。
書式や内容などは、各園の子どもの発達の様子に合わせて変更してご活用ください。

CD-ROMの使い方

本CD-ROMは、保育計画や保育ドキュメンテーションを作る上で役に立つフォーマットや文書などを収録したデータ資料集です。パソコンソフトのExcel・Power Pointで作ることを想定して作られていますので、下記のポイントをご覧いただいた上でご使用ください。また、保育指針などの文書類はPDF形式で収録してありますので、プリントアウトしてご活用ください。

Point

■ご使用になりたいフォーマットを開き、ご自身のパソコンに保存してからご利用ください。

■フォーマットは一部を除いて文字が入っていますが、あくまでも一つの文例です。ご使用に際しては、内容を十分ご検討の上、園の方針に沿った文章を入力してください。園から発信される文章の内容については、各園の責任となることをご了承ください。

📁 **01_フォーマット2歳児**
内容をご検討の上、園の方針に沿った文章を入力してご使用ください。
各フォーマットは、園の保育内容に合わせて変更してご利用ください。

 　_2歳児月間指導計画（案）フォーマット.xlsx

📊 _2歳児年間指導計画（案）フォーマット.xlsx

📁 保育ドキュメンテーション関連

📑 _2歳児保育ドキュメンテーションフォーマット.pptx

📊 _2歳児保育ドキュメントフォーマット.xlsx

📄 _2歳児保育ドキュメントフォーマット（手書き用）.pdf

📊 _2歳児保育プロジェクトフォーマット.xlsx

📁 **02_参考資料**

 📁 46細目

 📄 幼児教育部会における審議の取りまとめ（報告）平成28年8月26日.pdf

📄 学校感染症の種類および出席停止期間.pdf

📁 **03_関連法・各種ガイドラインなど**
厚生労働省・文部科学省より公表されている資料です。
プリントアウトしてご活用ください。
最新の情報は各省のホームページ をご確認ください。

📁 各種ガイドライン

📄 教育・保育施設等における事故防止及び事故発生時の対応のためのガイドライン.pdf

📄 保育所におけるアレルギー対応ガイドライン.pdf

📄 保育所における感染症対策ガイドライン.pdf

📄 保育所における自己評価ガイドライン.pdf

📄 保育所における食育に関する指針（概要）.pdf

📄 保育所における食事の提供ガイドライン.pdf

📄 保育所や幼稚園等と小学校における連携事例集.pdf

📄 幼稚園における学校評価ガイドライン.pdf

📄 学校保健安全法.docx

📄 食育基本法.pdf

📄 保育所保育指針.pdf

📄 幼稚園教育要領.pdf

📄 幼保連携型認定こども園教育・保育要領.pdf

2021年1月現在の資料です。

CD-ROMの動作環境について

CD-ROMをご利用いただくためには、以下のものが必要となりますので、あらかじめご確認ください。

●CD-ROMを読み込めるドライブが装備されたパソコン
◇動作確認済みOS／Windows 10

●アプリケーションソフト
◇Microsoft Word・Excel・Power Point（2011以降を推奨）　　◇Adobe Acrobat Reader

※注意
本CD-ROMは原則としてWindowsを対象として作成しました。Macintosh MacOSXに関しては、同様のアプリケーションをご用意いただければ動作いたしますが、レイアウトが崩れる可能性などがあります。上記OS以外での使用についての動作保証はできません。また、アプリケーションの操作方法は、各アプリケーションソフトの説明書などをご参照ください。**アプリケーションソフトの操作方法についてのご質問にはお答えできませんので、あらかじめご了承ください。**
Microsoft、Windowsは、米国Microsoft Corporationの登録商標です。Macintoshは、米国Apple Inc.の登録商標です。
Adobe、Acrobat ReaderはAdobe Systems Incorporated（アドビシステムズ社）の商標です。本書では、商標登録マークなどの表記は省略しています。

本書の使い方

本書は冒頭で平成30年施行の新要領・指針の内容を解説し、次に２歳児の発達のポイントを紹介しています。次の指導計画は認定こども園の１年の流れに沿って４月から９月までは「満１歳から３歳未満の５領域」に基づいて、10月から３月までは「満３歳以上の５領域」に基づいて作成しています（保育所の場合は、年間通して「満１歳から３歳未満の５領域」に基づいて作成することになります）。２歳児の保育ドキュメンテーションは、１日の生活の中での記録を中心に掲載されています。保育計画の作成から保育プロジェクトの計画立案、記録の取り方、開示の方法と一連の流れを用い、日々の保育内容の教育的効果の説明と更なる保育内容の発展にお役立てください。また、各園独自の指導計画・保育ドキュメント・保育ドキュメンテーションの作成の一助として、フォーマットなどを収録したCD-ROMもご活用ください。

発達の様子を知る

子どもの様子・特徴を捉え、担当のクラスの状況をよく観察することが必要です。

保育計画

子どもの発達と保育内容を踏まえ、発達年齢別保育内容を作成した後、年・月・週・日の指導計画を作成します。

※指導計画の作成は、『新要領・指針サポートブック』（世界文化社刊）も併せてご参照ください。

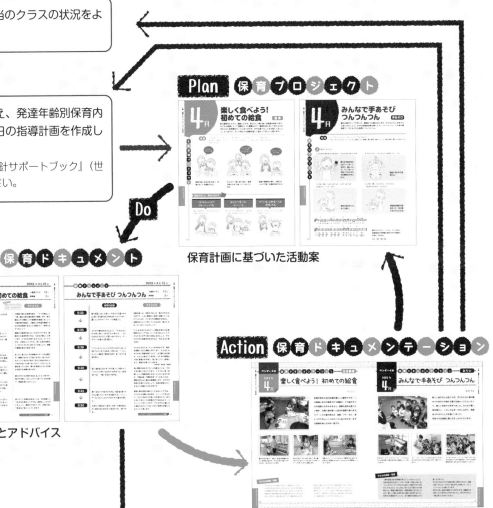

Plan 保育プロジェクト

保育計画に基づいた活動案

Check 保育ドキュメント

実践記録とアドバイス

Action 保育ドキュメンテーション

子どもの姿や教育の意味を明確にした保育の開示

ドキュメントと評価

子どもの様子を時系列で書き綴る（ドキュメント）というのは、意外と難しいものです。子どもの行動やその場面での出来事、子どもの発する言葉など、よくよく注意を払わないと記録に残すことはできません。しかしこの記録から見える保育の在り方や子どもの発達を省察していく上で、保育ドキュメントは実に有効な手段です。保育の設定が適切であったか、子どもの活動に対し保育者の対応は適切であったか、子どもの言葉に返した保育者の言葉は適切なものになっていたかなど、保育ドキュメントからは、指導計画では表せないより細かな子どもの様子や現場の対応が見えてきます。自分の書いた保育ドキュメントに先輩や主任からアドバイスをもらうこともひとつの評価につながり、保育の質の向上につながっていくことでしょう。

保育ドキュメンテーションのすすめ

要領・指針を基本に置き、教育課程及び全体的な計画から指導計画に続く「学び」を目に見える形にしたのが「保育ドキュメンテーション」です。ドキュメンテーションは子どもと保育者、そして保護者や地域を結び、保育を共有する手段のひとつです。例えば写真を入れた保育の記録作りは、可視化により保育者にとって自らの保育を再確認できるとともに、子どもの成長をより明確に認識できます。また保育者間の研修材料としても具体性に富み、より意味のあるものになります。さらに保護者に開示することで、保育者が日々の保育にどのようなねらいと目的を持って子どもの成長を援助しているかが伝わり、同じ方を向いて子育てをする「共育」の助けになります。あわせて地域への発信としても有効であり、乳幼児教育施設の役割を、よりわかりやすく理解してもらう「協育」のツールにもなります。つまり、「共育・協育・教育」をしていくためにドキュメンテーションの取り組みはおすすめなのです。

ドキュメンテーションを通して活発なコミュニケーションを

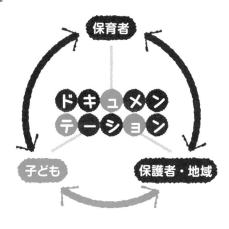

ドキュメンテーションからは、保育のねらいやその経過、保育や子どもに対しての気づき、子どもの学びが見えてきます。また、その日の保育だけではなく、教育的視点や次の保育につながるヒント、子どもの発達への思いや流れが表示されます。見やすい画面構成と視覚に訴える写真は保護者の興味を引き、保育に対して具体的な会話を展開し楽しむことができます。これは保護者の保育理解につながるだけでなく、子どもといっしょに写真を見ることは、子どもや保護者にとって保育の追体験となり、学びの再確認ができることにもなります。もちろん、園内研修の教材としても最高のコミュニケーションツールになり得るでしょう。

効果的な保育ドキュメンテーションの使い方

子ども	園	地域	保護者
ドキュメンテーションを作成した時点の保育の目的に沿った発達が、記録された子どもの行動やことばから明確に見えると同時に、個人記録の作成上、写真から導きだされる保育者の記憶を辿るのにも大きな助けになります。また継続して作成されたドキュメンテーションは、保育者だけでなく、子ども自身も、自分の成長や発達の流れを写真から読みとれるのもうれしいですね。	各クラスで作成したドキュメンテーションにより、それぞれの保育がほかのクラスにもわかりやすく可視化されるので、園の方針に沿った保育が行われていることが把握しやすくなります。同時に、園内研修や新任保育者の研修の際は資料としておおいに活用できるでしょう。ドキュメンテーションが作成され続けることで、園の保育の歴史を語る素晴らしい資料にもなります。	各種行事や地域のイベントへの参加とは違い、日々の保育の中身はなかなか外からは見えにくいものです。しかしこのドキュメンテーションには、保育のねらいをはじめ、子どもの活動や成長が、保育者の教育的視点を含めて写真といっしょに提示されているので、地域からも幼児教育の理解が得られやすい形になっています。ただし、個人情報の開示には、十分注意が必要です。	連絡帳や朝夕の送迎時の保護者との会話のなかでは伝えきれない子どもの発達があります。保育者を信じているとはいえ、保育の中身が見えないことは保護者にとって不安要因のひとつです。保育がねらいに沿って行われ、子どもの成長が文章や写真で明確に見えることは、保護者の安心と喜びにつながります。ドキュメンテーションを提示することで、共に育てる意識を育みましょう。

ドキュメンテーションとは

➡ ドキュメンテーションとは

ドキュメンテーションということばの意味は、情報を収集して整理、体系化し記録を作成すること、または、文書化し可視化することです。これを保育におけるドキュメンテーションに当てはめると、保育や子どもに関する情報を集めて整理し、目的に合った形で様々に記録し、保育者・子ども・保護者に発信することです。

➡ 記録を取る際に重要なことは？

保育や子どもの成長を観察する際には、多くの子どもに当てはまる基礎的な評価とともに、個人差や個性を重視した記録、評価が必要です。そして何よりも保育ドキュメンテーションで重要なのは、その記録がだれが見てもわかりやすく、保育の専門家としての知識や意図が伝わる形になっていることです。

➡ 観察記録は保育にどう役立つ？

観察記録からは、子どもの考え方や認知過程（発達過程）を知ることができるといわれています。もちろん、保育者に認知過程（発達過程）を把握する観察力が備わっていることが求められますが、観察記録を他の保育者や保護者などと共有することで、一人では気付かなかったことに気付いたり、新しい発見をすることができるのです。

➡ おわりに

➡ 保育ドキュメンテーションはどう作る？

① 指導計画からつながる「保育プロジェクト」（週案、日案）を作成します。保育のねらいや環境構成を明確にし、子どものどういう発達を目的としたかを説明できるようにしておきましょう。

② 「保育プロジェクト」を実施する中で、子どもの言動や環境へのかかわり方をよく観察し、「保育ドキュメント」として時系列で記録します。これをもとに先輩保育者や主任、園長等から助言をもらいましょう。「子どもの言動や行動にひそんでいる発達」を見抜く力がついてきます。

③ 「保育プロジェクト」や「保育ドキュメント」に写真や文章を加え、子どもの学びや成長がわかりやすい「保育ドキュメンテーション」の形にまとめ、開示します。

「保育ドキュメンテーション」を作成する一連の流れは、子どもの保育環境を豊かにし、保育者の観察力を育て、保育者・子ども・保護者間のコミュニケーションツールとなり、保護者と連携して子育てができる環境を形づくることになるでしょう。子どもの豊かな成長のために、そして保育の質の向上のために、発信のしかたをほんの少し工夫してみましょう。

育みたい資質・能力

乳幼児期にどんな資質・能力を育てたいのかを明確化したのが「育みたい資質・能力」です。「育みたい資質・能力」はいずれも指針・要領に示すねらい及び内容（５領域や乳児期の３つの視点）に基づく活動全体によって育まれ、園児の修了時・就学時の具体的な姿が「幼児期の終わりまでに育ってほしい姿」へとつながります。小学校への接続も意識して、小学校以降の育みたい資質・能力と揃え、学校教育の始まりとされています。

（本書10ページ参照）

→ 「育みたい資質・能力」の３本の柱

1 「知識及び技能の基礎」

豊かな体験を通じて、感じたり、気付いたり、分かったり、できるようになったりする。

2 「思考力・判断力・表現力等の基礎」

気付いたことや、できるようになったことなどを使い、考えたり、試したり、工夫したり、表現したりする。

3 「学びに向かう力、人間性等の基礎」

心情、意欲、態度が育つなかで、よりよい生活を営もうとする。

column コラム　非認知能力
（OECD 2015 社会情動的スキル）

「非認知能力」とは？

「認知能力」（知的学力、IQなど）以外の能力を指し、自己肯定感、自制・自律性、やり抜く力、目標に向かって頑張る力、他者の痛みを知る、コミュニケーション力、時間を守る、我慢する、などが挙げられます。

非認知能力

主体的・対話的・深い学びに繋がることはもちろん、予測できないほど大きく変わっていく今後の社会を生き抜くために必要とされ、乳幼児期に育てるべきものと言われています。保育者にも、子どもとの触れ合いや環境設定によって、非認知能力を育む役割が求められています。

column コラム　主体的・対話的で深い学び

学びの目的は？

子どもたちが生涯にわたり、能動的（アクティブ）に学び続ける姿勢を育むことが主体的・対話的で深い学びの目的であり、乳幼児期にそれらの土台の形成が求められている。

主体的な学び

周囲の環境に興味や関心を持って積極的に働きかけ、見通しを持って粘り強く取り組み、自らの遊びを振り返って、期待を持ちながら、次につなげる「主体的な学び」が実現できているか。

対話的な学び

他者との関わりを深める中で、自分の思いや考えを表現し、伝え合ったり、考えを出し合ったり、協力したりして自らの考えを広げ深める「対話的な学び」が実現できているか。

深い学び

直接的・具体的な体験の中で、「見方・考え方」を働かせて対象と関わって心を動かし、幼児なりのやり方やペースで試行錯誤を繰り返し、生活を意味あるものとしてとらえる「深い学び」が実現できているか。

各施設における2歳児保育の考え方

保育所、認定こども園、幼稚園の各施設における2歳児クラスの保育の考え方は、学校教育法に位置づけられるかどうかで少しずつ違うことを知っておきましょう。

5領域	満1歳から満3歳未満 （保育所では1歳以上3歳未満）	満3歳以上 （保育所では3歳以上）
健康	[健康な心と体を育て、自ら健康で安全な生活をつくり出す力を養う。] ①明るく伸び伸びと生活し、自分から体を動かすことを楽しむ。 ②自分の体を十分に動かし、様々な動きをしようとする。 ③健康、安全な生活に必要な習慣に気付き、自分でしてみようとする気持ちが育つ。	①明るく伸び伸びと行動し、充実感を味わう。 ②自分の体を十分に動かし、進んで運動しようとする。 ③健康、安全な生活に必要な習慣や態度を身に付け、見通しをもって行動する。
人間関係	[他の人と親しみ、支え合って生活するために、自立心を育て、人と関わる力を養う。] ①幼保連携型認定こども園での生活を楽しみ、身近な人と関わる心地よさを感じる。 ②周囲の園児等への興味・関心が高まり、関わりをもとうとする。 ③幼保連携型認定こども園の生活の仕方に慣れ、きまりの大切さに気付く。	①幼保連携型認定こども園の生活を楽しみ、自分の力で行動することの充実感を味わう。 ②身近な人と親しみ、関わりを深め、工夫したり、協力したりして一緒に活動する楽しさを味わい、愛情や信頼感をもつ。 ③社会生活における望ましい習慣や態度を身に付ける。
環境	[周囲の様々な環境に好奇心や探究心をもって関わり、それらを生活に取り入れていこうとする力を養う。] ①身近な環境に親しみ、触れ合う中で、様々なものに興味や関心をもつ。 ②様々なものに関わる中で、発見を楽しんだり、考えたりしようとする。 ③見る、聞く、触るなどの経験を通して、感覚の働きを豊かにする。	①身近な環境に親しみ、自然と触れ合う中で様々な事象に興味や関心をもつ。 ②身近な環境に自分から関わり、発見を楽しんだり、考えたりし、それを生活に取り入れようとする。 ③身近な事象を見たり、考えたり、扱ったりする中で、物の性質や数量、文字などに対する感覚を豊かにする。
言葉	[経験したことや考えたことなどを自分なりの言葉で表現し、相手の話す言葉を聞こうとする意欲や態度を育て、言葉に対する感覚や言葉で表現する力を養う。] ①言葉遊びや言葉で表現する楽しさを感じる。 ②人の言葉や話などを聞き、自分でも思ったことを伝えようとする。 ③絵本や物語等に親しむとともに、言葉のやり取りを通じて身近な人と気持ちを通わせる。	①自分の気持ちを言葉で表現する楽しさを味わう。 ②人の言葉や話などをよく聞き、自分の経験したことや考えたことを話し、伝え合う喜びを味わう。 ③日常生活に必要な言葉が分かるようになるとともに、絵本や物語などに親しみ、言葉に対する感覚を豊かにし、保育教諭等や友達と心を通わせる。
表現	[感じたことや考えたことを自分なりに表現することを通して、豊かな感性や表現する力を養い、創造性を豊かにする。] ①身体の諸感覚の経験を豊かにし、様々な感覚を味わう。 ②感じたことや考えたことなどを自分なりに表現しようとする。 ③生活や遊びの様々な体験を通して、イメージや感性が豊かになる。	①いろいろなものの美しさなどに対する豊かな感性をもつ。 ②感じたことや考えたことを自分なりに表現して楽しむ。 ③生活の中でイメージを豊かにし、様々な表現を楽しむ。
基本的事項	歩き始めから、歩く、走る、跳ぶなどへと基本的運動機能が発達、排泄の自立、つまむ、めくるなどの指先機能発達、食事・衣服着脱も援助の下で行う。発声明瞭、語彙増加、自分の意思や欲求を言葉で表出。自分で行える事が増加。よってこの気持ちを尊重し、温かく見守り、愛情豊かに応答的に関わることが必要。	基本動作、基本的な生活習慣もほぼ自立。理解する語彙数の増加、知的興味関心の高まり。仲間の中の一人という自覚、集団遊び、共同的活動。個の成長と集団としての活動。

※5領域のねらい・内容は保育所保育指針、幼保連携型認定こども園教育・保育要領、幼稚園教育要領とも同じですが、例えば上記の表の「幼保連携型認定こども園での生活を楽しみ、～」と書かれているところは、保育所保育指針では「保育所での生活を楽しみ、～」と書かれ、幼稚園教育要領では「幼稚園生活を楽しみ、～」と書かれています。

保育所 **1、2** 歳児クラス

保育所（児童福祉法）の１歳児クラスには満２歳の子どもが、また、２歳児クラスには、満２歳の子どもと学校教育に位置づけられない満３歳の子どもが在籍しています。よって保育所の１歳児クラスと２歳児クラスは、保育所保育指針の第２章　保育のねらい及び内容の「１歳以上３歳未満児の５領域」（P.8の表の緑の部分）を参考に保育をします。１歳以上３歳未満児の保育に関するねらい及び内容は、旧保育所保育指針にはありませんでしたが、平成30年の改正により、各要領、指針全て同じように「内容の取扱い」が記述されました。これは「保育内容を具体化する際の配慮等が細かく記載されているもの」で、保育所保育指針も教育要領に近づいた記述になっています。

**幼保連携型認定こども園** **2** 歳児クラス

幼保連携型認定こども園（児童福祉法・学校教育法）の２歳児クラスには、満２歳の園児と学校教育に位置づけられる満３歳の園児が在籍しています。よってこども園の２歳児クラスは、教育・保育要領の第２章　ねらい及び内容の「満１歳から満３歳未満の園児の５領域」と、学校教育の対象になる「満３歳以上の園児の５領域」の両方を参考に保育をすることになります（P.8の表の緑・赤両方）。

例）幼保連携型認定こども園教育・保育要領「健康」領域（３）のねらい

満１歳以上満３歳未満	健康、安全な生活に必要な習慣に気付き、自分でしてみようとする気持ちが育つ
満３歳以上	健康、安全な生活に必要な習慣や態度を身に付け、見通しをもって行動する

幼稚園 の 2 歳児クラス

満3歳になると学校教育を受けられるようになり、幼稚園や認定こども園への入園が可能となります。学級という集団の中で、個人が教育を受けることになるわけですが、保育所が「1歳以上3歳未満の5領域」を使用するのに対し、幼稚園は教育要領の「満3歳以上の5領域」を使用します（P.8の表の赤の部分）。それに沿って教育課程が作成されますが、「幼児期の終わりまでに育ってほしい姿（10項目）」を念頭に置いて編成していくことをお勧めします（「幼児期の終わりまでに育ってほしい姿」が5領域から展開されていくことへの理解を深めましょう）。

なお、実際の指導時に配慮することの一つに、子どもの育ちがあります。満3歳児といっても集団生活の経験がないので、発達上は保育所の2歳児と変わりありません。この点に特に留意してください。園によっては3歳児クラスに途中入園するケースがあるでしょう。認定こども園や保育所では、2歳児及び満3歳の混合クラスが編成されます。「満3歳以上の5領域」を使用する際には、同じクラスに在籍していながら、子どもの発達には1歳以上の開きがあることに、十分な配慮が必要です。

5領域　　　幼児期の終わりまでに育ってほしい10の姿

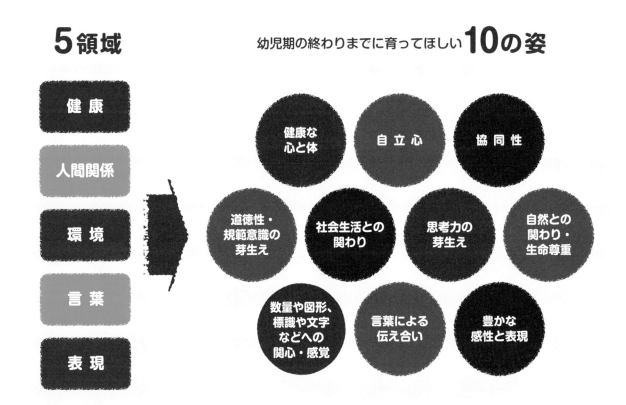

健康

人間関係

環境

言葉

表現

健康な心と体　自立心　協同性

道徳性・規範意識の芽生え　社会生活との関わり　思考力の芽生え　自然との関わり・生命尊重

数量や図形、標識や文字などへの関心・感覚　言葉による伝え合い　豊かな感性と表現

⇨ 全体的な計画

認定こども園、保育所、幼稚園、いずれも「全体的な計画」を作成することになっています。

★認定こども園は教育及び保育の内容と子育て支援等の内容の有機的関連を図りつつ、園の全体的な計画を作成します。教育及び内容についての相互関係を図り、調和と統一のとれた計画であることが重要です。

★保育所も「幼児教育を行う施設」です。保育の内容を組織的・計画的に構成するために、保育指針の第2章に沿った記述が必要です。また、保健計画や食育計画、および園にとって大切な項目の考え方を簡潔に記述すると良いでしょう。

★幼稚園は「教育課程＋その他の計画」と考え、教育課程中心に預かり保育なども含んだ、登園から降園までの幼児の生活全体を捉えた計画を作成しましょう。また、学校保健計画、学校安全計画なども関連させ、一体的に教育活動が展開されるような計画が必要です。

⇨ 教育課程

教育課程とは、幼児教育として満3歳以上について、共通のねらいと内容を持ち、資質・能力を育てる過程を表したものです。年間39週以上、月曜日から金曜日まで1日4時間を対象にしています。

教育課程の実施にあたっては、地域の人的・物的資源を活用する、放課後や土曜日等を活用した社会教育との連携を図るなど、地域社会と共有・連携していくことが大切です。

幼児教育と小学校以降の教育のつながりが明確になったことをふまえて、教育課程における幼児教育の学びの成果が小学校と共有されるように工夫・改善を行い、「カリキュラム・マネジメント」を確立していきましょう。

「資質・能力」の育ちの一覧表（乳児から幼児期の終わりまで）

幼保連携型認定こども園養護【第1章第3-5 (1) と (2)】	乳児期（三つの視点）【第2章第1ねらい及び内容】	5領域	満1歳〜満3歳未満（5領域）【第2章第2ねらい及び内容】	満3歳以上（5領域）【第2章第3ねらい及び内容】
生命の保持 ・(生命の保持) 園児一人一人が、快適にかつ健康で安全に過ごせるようにするとともに、その生理的欲求が十分に満たされ、健康増進が積極的に図られるようにする。	**健やかに伸び伸びと育つ** 身体的発達／健やかに伸び伸びと育つ [健康な心と体を育て、自ら健康で安全な生活をつくり出す力の基盤を培う。] ねらい (1) 身体感覚が育ち、快適な環境に心地よさを感じる。 (2) 伸び伸びと体を動かし、はう、歩くなどの運動をしようとする。 (3) 食事、睡眠等の生活のリズムの感覚が芽生える。【健康】	健康	[健康な心と体を育て、自ら健康で安全な生活をつくり出す力を養う。] ねらい (1)明るく伸び伸びと生活し、自分から体を動かすことを楽しむ。 (2)自分の体を十分に動かし、様々な動きをしようとする。 (3)健康、安全な生活に必要な習慣に気付き、自分でしてみようとする気持ちが育つ。	[健康な心と体を育て、自ら健康で安全な生活をつくり出す力を養う。] ねらい (1)明るく伸び伸びと行動し、充実感を味わう。 (2)自分の体を十分に動かし、進んで運動しようとする。 (3)健康、安全な生活に必要な習慣や態度を身に付け、見通しをもって行動する。
	身近な人と気持ちが通じ合う 社会的発達／身近な人と気持ちが通じ合う [受容的・応答的関わりの下で、何かを伝えようとする意欲や身近な大人との信頼関係を育て、人と関わる力の基盤を培う。] ねらい (1) 安心できる関係の下で、身近な人と共に過ごす喜びを感じる。 (2) 体の動きや表情、発声等により、保育教諭等と気持ちを通わせようとする。 (3) 身近な人と親しみ、関わりを深め、愛情や信頼感が芽生える。【人間関係】【言葉】	人間関係	[他の人々と親しみ、支え合って生活するために、自立心を育て、人と関わる力を養う。] ねらい (1)幼保連携型認定こども園での生活を楽しみ、身近な人と関わる心地よさを感じる。 (2)周囲の園児等への興味・関心が高まり、関わりをもとうとする。 (3)幼保連携型認定こども園の生活の仕方に慣れ、きまりの大切さに気付く。	[他の人々と親しみ、支え合って生活するために、自立心を育て、人と関わる力を養う。] ねらい (1)幼保連携型認定こども園の生活を楽しみ、自分の力で行動することの充実感を味わう。 (2)身近な人と親しみ、関わりを深め、工夫したり、協力したりして一緒に活動する楽しさを味わい、愛情や信頼感をもつ。 (3)社会生活における望ましい習慣や態度を身に付ける。
情緒の安定 ・(情緒の安定) 園児一人一人が安定感をもって過ごし、自分の気持ちを安心して表すことができるようにするとともに、周囲から主体として受け止められ主体として育ち、自分を肯定する気持ちが育まれていくようにし、くつろいで共に過ごし、心身の疲れが癒やされるようにする。		環境	[周囲の様々な環境に好奇心や探究心をもって関わり、それらを生活に取り入れていこうとする力を養う。] ねらい (1)身近な環境に親しみ、触れ合う中で、様々なものに興味や関心をもつ。 (2)様々なものに関わる中で、発見を楽しんだり、考えたりしようとする。 (3)見る、聞く、触れるなどの経験を通して、感覚の働きを豊かにする。	[周囲の様々な環境に好奇心や探究心をもって関わり、それらを生活に取り入れていこうとする力を養う。] ねらい (1)身近な環境に親しみ、自然と触れ合う中で様々な事象に興味や関心をもつ。 (2)身近な環境に自分から関わり、発見を楽しんだり、考えたりし、それを生活に取り入れようとする。 (3)身近な事象を見たり、考えたり、扱ったりする中で、物の性質や数量、文字などに対する感覚を豊かにする。
	身近なものと関わり感性が育つ 精神的発達／身近なものと関わり感性が育つ [身近な環境に興味や好奇心をもって関わり、感じたことや考えたことを表現する力の基盤を培う。] ねらい (1) 身の回りのものに親しみ、様々なものに興味や関心をもつ。 (2) 見る、触れる、探索するなど、身近な環境に自分から関わろうとする。 (3) 身体の諸感覚による認識が豊かになり、表情や手足、体の動き等で表現する。【環境】【表現】	言葉	[経験したことや考えたことなどを自分なりの言葉で表現し、相手の話す言葉を聞こうとする意欲や態度を育て、言葉に対する感覚や言葉で表現する力を養う。] ねらい (1)言葉遊びや言葉で表現する楽しさを感じる。 (2)人の言葉や話などを聞き、自分でも思ったことを伝えようとする。 (3)絵本や物語等に親しむとともに、言葉のやり取りを通じて身近な人と気持ちを通わせる。	[経験したことや考えたことなどを自分なりの言葉で表現し、相手の話す言葉を聞こうとする意欲や態度を育て、言葉に対する感覚や言葉で表現する力を養う。] ねらい (1)自分の気持ちを言葉で表現する楽しさを味わう。 (2)人の言葉や話などをよく聞き、自分の経験したことや考えたことを話し、伝え合う喜びを味わう。 (3)日常生活に必要な言葉が分かるようになるとともに、絵本や物語などに親しみ、言葉に対する感覚を豊かにし、保育教諭等や友達と心を通わせる。
		表現	[感じたことや考えたことを自分なりに表現することを通して、豊かな感性や表現する力を養い、創造性を豊かにする。] ねらい (1)身体の諸感覚の経験を豊かにし、様々な感覚を味わう。 (2)感じたことや考えたことなどを自分なりに表現しようとする。 (3)生活や遊びの様々な体験を通して、イメージや感性が豊かになる。	[感じたことや考えたことを自分なりに表現することを通して、豊かな感性や表現する力を養い、創造性を豊かにする。] ねらい (1)いろいろなものの美しさなどに対する豊かな感性をもつ。 (2)感じたことや考えたことを自分なりに表現して楽しむ。 (3)生活の中でイメージを豊かにし、様々な表現を楽しむ。

ねらいは教育及び保育において育みたい資質・能力を園児の生活する姿から捉えたもの／内容は、ねらいを達成するために指導する事項／各視点や領域は、この時期の発達の特徴を踏まえ、教育及び保育のねらい及び内容を乳幼児の発達の側面から、乳児は三つの視点として、幼児は五つの領域としてまとめ、示したもの／内容の取扱いは、園児の発達を踏まえた指導を行うに当たって留意すべき事項

		幼児期の終わりまでに育ってほしい姿　10項目【第1章第1-3（3）】	付属CD「46細目」参照		育みたい資質・能力【第1章第1-3（1）】	小学校以上の資質・能力
ア	健康な心と体【健康】	幼保連携型認定こども園における生活の中で、充実感をもって自分のやりたいことに向かって心と体を十分に働かせ、見通しを持って行動し、自ら健康で安全な生活をつくり出すようになる。	8項	個別の「知識及び技能の基礎」	豊かな体験を通じて、感じたり、気付いたり、分かったり、できるようになったりする「知識及び技能の基礎」	何を理解しているか、何ができるか（生きて働く「知識・技能」の習得）
イ	自立心【人間関係】	身近な環境に主体的に関わり様々な活動を楽しむ中で、しなければならないことを自覚し、自分の力で行うために考えたり、工夫したりしながら、諦めずにやり遂げることで達成感を味わい、自信をもって行動するようになる。	4項			
ウ	協同性【人間関係】	友達と関わる中で、互いの思いや考えなどを共有し、共通の目的の実現に向けて、考えたり、工夫したり、協力したり、充実感をもってやり遂げるようになる。	4項			
エ	道徳性・規範意識の芽生え【人間関係】	友達と様々な体験を重ねる中で、してよいことや悪いことが分かり、自分の行動を振り返ったり、友達の気持ちに共感したりし、相手の立場に立って行動するようになる。また、きまりを守る必要性が分かり、自分の気持ちを調整し、友達と折り合いを付けながら、きまりをつくったり、守ったりするようになる。	5項	「思考力・判断力・表現力等の基礎」	気付いたことや、できるようになったことなどを使い、考えたり、試したり、工夫したり、表現したりする「思考力、判断力、表現力等の基礎」	理解していること・できることをどう使うか（未知の状況にも対応できる「思考力・判断力・表現力等」の育成）
オ	社会生活との関わり【人間関係】	家族を大切にしようとする気持ちをもつとともに、地域の身近な人と触れ合う中で、人との様々な関わり方に気付き、相手の気持ちを考えて関わり、自分が役に立つ喜びを感じ、地域に親しみをもつようになる。また、幼保連携型認定こども園内外の様々な環境に関わる中で、遊びや生活に必要な情報を取り入れ、情報に基づき判断したり、情報を伝え合ったり、活用したりするなど、情報を役立てながら活動するようになるとともに、公共の施設を大切に利用するなどして、社会とのつながりなどを意識するようになる。	6項	「学びに向かう力・人間性等」	心情、意欲、態度が育つ中で、よりよい生活を営もうとする「学びに向かう力、人間性等」	どのように社会・世界と関わり、よりよい人生を送るか（学びを人生や社会に生かそうとする「学びに向かう力・人間性等」の涵養）
カ	思考力の芽生え【環境】	身近な事象に積極的に関わる中で、物の性質や仕組みなどを感じ取ったり、気付いたりし、考えたり、予想したり、工夫したりするなど、多様な関わりを楽しむようになる。また、友達の様々な考えに触れる中で、自分と異なる考えがあることに気付き、自ら判断したり、考え直したりするなど、新しい考えを生み出す喜びを味わいながら、自分の考えをよりよいものにするようになる。	6項			
キ	自然との関わり・生命尊重【環境】	自然に触れて感動する体験を通して、自然の変化などを感じ取り、好奇心や探究心をもって考え言葉などで表現しながら、身近な事象への関心が高まるとともに、自然への愛情や畏敬の念をもつようになる。また、身近な動植物に心を動かされる中で、生命の不思議さや尊さに気付き、身近な動植物への接し方を考え、命あるものとしていたわり、大切にする気持ちをもって関わるようになる。	4項	小学校との接続関係		※例1）小学校学習指導要領/第1章総則/第2教育課程の編成/4学校段階等間の接続（1）　幼児期の終わりまでに育ってほしい姿を踏まえた指導を工夫することにより、幼稚園教育要領等に基づく幼児期の教育を通して育まれた資質・能力を踏まえて教育活動を実施し、児童が主体的に自己を発揮しながら学びに向かうことが可能となるようにすること。幼児期の教育及び中学年以降の教育との円滑な接続が図られるよう工夫すること。特に、小学校入学当初においては、幼児期において自発的な活動としての遊びを通して育まれてきたことが、各教科等における学習に円滑に接続されるよう、生活科を中心に、合科的・関連的な指導や弾力的な時間割の設定など、指導の工夫や指導計画の作成を行うこと。→スタートカリキュラムの位置付け
ク	数量や図形、標識や文字などへの関心・感覚【環境】	遊びや生活の中で、数量や図形、標識や文字などに親しむ体験を重ねたり、標識や文字の役割に気付いたりし、自らの必要感に基づきこれらを活用し、興味や関心、感覚をもつようになる。	2項			
ケ	言葉による伝え合い【言葉】	保育教諭等や友達と心を通わせる中で、絵本や物語などに親しみながら、豊かな言葉や表現を身に付け、経験したことや考えたことなどを言葉で伝えたり、相手の話を注意して聞いたりし、言葉による伝え合いを楽しむようになる。	4項		※小学校教育との接続に当たっての留意事項イ　幼保連携型認定こども園の教育及び保育において育まれた資質・能力を踏まえ、小学校教育が円滑に行われるよう、小学校の教師との意見交換や合同の研究の機会などを設け、「幼児期の終わりまでに育ってほしい姿」を共有するなど連携を図り、幼保連携型認定こども園における教育及び保育と小学校教育との円滑な接続を図るよう努めるものとする。	
コ	豊かな感性と表現【表現】	心を動かす出来事などに触れ感性を働かせる中で、様々な素材の特徴や表現の仕方などに気付き、感じたことや考えたことを自分で表現したり、友達同士で表現する過程を楽しんだりし、表現する喜びを味わい、意欲をもつようになる。	3項			

各視点や領域に示すねらいは、こども園における生活の全体を通じ、園児が様々な体験を積み重ねる中で相互に関連をもちながら次第に達成に向かうもの／内容は、園児が環境に関わって展開する具体的な活動を通して総合的に指導されるものであることに留意／「幼児期の終わりまでに育ってほしい姿」が、ねらい及び内容に基づく活動全体を通して資質・能力が育まれている園児のこども園修了時の具体的な姿であることを踏まえ、指導を行う際に考慮する

2歳児とは

―おおむね**2**歳ごろ―

おおむね**2**歳の特徴

- 基本的生活習慣(食事・排泄・睡眠・衛生・着脱)が、徐々に身についてくる。
- 乳歯が出そろうので、食事はほとんどのものが食べられるようになる。
- 運動機能がスムーズになり、走る、押す、引っぱる、投げる、運ぶ、積む、
  ぶら下がるなどができ、よく動き回れるようになる。
- 指先も発達し、積み木を積むことや、本を上手にめくることができるようになる。
- はさみで紙を切り、のりづけもできるようになる。
- 言葉も増え、2語文もかなり話せるようになる。
- 目にふれるもの、聞くものについてことごとく質問し、納得できるまで聞くようになる。
- 周囲の未知のものに興味を示し、何でも試し、やってみたくなる。
- 自我意識や独占欲が強くなり、自分の周囲の人に対する愛情などが強くなる。
- 社会性が育ってくるものの、まだひとりあそびが多い。
- 友だちとあそんでも、自己主張が強く、けんかになることもある。
- 象徴機能の発達により、ごっこあそびを保育者とすることができる。

天使のような赤ちゃんが小悪魔(？)に変わる時期ともいえるでしょう。自我が芽生えることによって、何でも試してみたくなる、やってみたくなる時期で、大人の言うことを無視してよく動き回ります。また興味の対象が次々と移り変わり、目の前にあるおやつやあそびなど、全てに集中し意識が向いていきます。対応が難しいかもしれませんが、子どもが世界を広げていく、とても大切な時期です。

2歳頃には、決めたら譲らない頑固さが現れます。しかし何かを要求したり選び取ったりする意志力は、大人になったときのひたむきさや自信につながっていきます。選択肢を与えて、自発的に考える習慣をつけましょう。

大人には想像できないようなやんちゃな行動が、悩みの種となるでしょう。しかし全てをしかって禁止しては、伸びるはずの創造性をつぶしてしまいます。部屋の一角などに、制約なしにあそべる空間を与えることで子どもの心も満たされ、創造力も培われていきます。あちこち登っては飛び降りたり、水たまりで服を汚したり、ハラハラさせられる時期です。しかし日常のちょっとした冒険は、自分の能力や限界を知る「自己発見」に欠かせません。危険がないよう見守りながら、いろいろな体験を通して学ぶ機会をつくりましょう。

何でも自分でやりたがるのも2歳頃の特性です。上手にほめながら導けば、喜んで手伝いをしてくれるでしょう。小さな頼みごとをすることで、子どもは進んで人を助けることに喜びを見出し、助け合いの尊さを学びます。

新しいことを考え学ぶのが大好きで、乾いたスポンジのように知識を吸収していきます。散歩の道すがらでも素敵な発見をし、好奇心、興味を育てる機会になります。

泣いたと思ったら、次の瞬間笑っていることが多々見られます。成長につれ感情の制御を学ぶことも不可欠ですが、素直に感情を表現できることは周囲とのよい関係を築くための大切な要素。言葉を話し始めたら、少しずつでも気持ちを言葉で表す練習をしたいものです。

今後の対人関係の基盤を築く時期でもあり、人を疑うことを知らない子どもにとっては、出会う人は全て新しい友だちのようなものです。微笑み、信じ、人のよいところを見るという性質をそのまま大切にし、さらに忍耐力をつけていけば、大人になったときも良好な人間関係を築けるようになります。

花や虫や月など、日常目にする何気ないことを楽しみ、泥あそびやお絵描きに心から夢中になれます。小さなことに幸せを感じられる純粋な心が、長く続くようにしましょう。

2歳頃は対応が難しいかもしれませんが、子どもが世界を広げていく、とても大切な時期です。二度とない成長の時期を見守る思いを持っていなければなりません。

2歳頃は第一反抗期といわれ、とにかくよく反抗する特徴があります。それは自我の発達（自分と他人との区別）、自律（自立）心が育ってきているからです。この時期は大人が手を出そうとすると払いのけ、あくまでも自分の意思を通そうとします。そんなときは、通してもよい要求は認めて気持ちを満たし、「自分は大人から認められ、受け入れられている」という安心感を持てるようにすることが大切です。

ときには活発すぎてバランスをくずして転び、けがをすることもあります。けれど多少のけがはむしろ経験しておいた方がいいので、見守りましょう。

2歳児とは

―おおむね**3**歳ごろ―

おおむね**3**歳の特徴

- 基本的生活習慣がほぼ身につく時期。
- 友だちを求め、一緒にあそびたがる。
- 言葉が通じるようになる。
- いろいろな仕組みに興味を示し、質問が多くなる。
- 多くの単語の組み合わせを用いて自分の意思を表現できるようになる。
- 少量の数と量を認識できる。
- リズム感のある歌や遊戯を好む。
- 現実と空想のバランスがとれてくる。
- 運動機能の発達が盛んになる。
- 保育者の働きかけなどにより、経験したことをごっこあそびとして行う。

3歳頃は短時間のうちにやりとりの仕方を身につけてしまうなど、体を通して学習することが早いのが特徴です。2歳頃と比較して、言語表現や自我意識の発達が進み、話し言葉、身振り言葉がスムーズとなり、多くの言葉を用いて自分自身を表現できるようになります。加えて、質問が多くなり、大人を困惑させることもよく見かけるようになります。

子どもの基本的生活習慣の定着には、周りの人たちの立ち居振る舞いがおおいに関係します。だからこそ保育者には重要な役割があり、子ども一人ひとりとの関係を毎日の生活の中でつくり上げていく意欲と努力が必要になります。身近な人のモノマネを通じて、子どもは行動や態度を学習するからです。特に保育者は、関わり方はもちろん言葉づかいから物腰など、ありとあらゆることで見本となるよう過ごすことが必要で、子どもとの愛着関係や信頼を得るとより効果的になります。3歳頃は、自己中心的な自我から主張が強い時期であるだけに、安定したよい関係が維持されるほど、よい生活習慣が身につきやすくなります。

この時期は友だちをまとめ、よく一緒にあそびます。ときにはおもちゃの取り合いでけんかになりますが、すぐ仲直りができるのもこの時期の特徴です。友だちとたくさんあそばせることが成長につながる基となり、相手の立場や痛みを感じることで社会性が育ちます。

運動機能の発達も盛んで、ごっこあそび、ブランコ、滑り台など、活発な動きを取り入れることで、基礎体力・筋力などが身につきます。全身運動を活発にさせることにより、細かい手先の動きも発達します。直線や丸、三角、四角などを描いたり、ボールあそび、両足跳びなどを行うと、知的発達も促されます。言葉が発達する時期で、次々と新しい言葉、きたない言葉も身につけていきます。同時に会話によって人間関係もできていくので、保育者は特にこの時期に言葉を正しく使うことに配慮すべきでしょう。3歳頃の言葉の特徴として、接続詞や疑問文を使って、言葉をつなげ、長く話すことができるようになります。そして、話が止まらず、言葉だけでもあそべるようになります。例えば、言葉に音階をつけてしゃべったり、リズム感のあるくり返し言葉を使ったり、内緒話も好きになります。

特にリズム感がある童謡を好み、活発に動き回る頃でもあります。「ごっこ」「まねっこ」に興味を示し、あそびの経験を通して言語表現に厚みが増し、目の前にないものや、過ぎ去った事柄についても話すようになり、時間の経過についても多少の理解が芽生えてきます。そのほか、高い低い、大きい小さい、多い少ないなど、おおむね3までの数量が理解できるようになります。

3歳頃はいろいろな仕組みに強い興味を示す時期ですから、保育所の施設、設備、用具、遊具などの扱い方、また安全と危険の区別などを十分に理解させる手立てを、日々の保育の中でくり返し伝えておくことが必要です。

3歳頃は、まだ自己中心的傾向が強いので、遊具を独り占めしようとする傾向も見られ、他の子どもとのいさかいも起こります。そのいさかいやもめごとを友好的な関係へと導いていくのも保育者の役割です。いさかいやもめごとが起こったときには、両方の主張を十分に聞き、子どもたちが納得のいく方法で解決することが大切です。

年間指導計画ポイント

年間指導計画は、1年間の子どもの生活や発達を見通して長期的な計画を作ります。子どもの人数、男女比、誕生月の構成、興味・関心のあり方などを踏まえて、子どもの実態をとらえて作成することが重要です。

1 保育目標

園の方針をもとに、1年間を通して子どもの成長と発達を見通した全体の目標を記載します。

2 ねらい

目標をもとに子どもが身につけることをⅠ～Ⅳ期に分けて、望まれる心情や態度などを記載します。

3 養護

保育教諭が行うことが望まれる援助(養護)を「生命」「情緒」の2つの視点に分けて記載します。

4 教育

ねらいを達成するために展開する保育を、「健康」「人間関係」「環境」「言葉」「表現」の5領域に分け、望まれる心情や態度を記載します。

20XX年度 ワンダー園　2歳児年間指導計画案

園長	主任	担当

保育目標		基本的生活習慣を ① 、自分の思いを言葉で表せるようになる。			
年間区分		Ⅰ期(4月～6月)	Ⅱ期(7月～9月)	Ⅲ期(10月～12月)	Ⅳ期(1月～3月)
ねらい		○保育教諭や、友だ ② れ、楽しく園生活を送る。 ○自分のクラス、ロッ ② かり、一日の生活の流れがつかめる。	○生活が安定し始め、安心して園生活を楽しむ。 ○水や砂などの感触を感じながらあそびを十分に楽しむ。	○保育教諭の手助けを徐々に減らし、簡単な身の回りのことをしようとする。 ○屋外に積極的に出て、自然の色の移り変わりを感じる。	○ごっこあそびやグループあそびを楽しむ。 ○進級に備え、生活習慣から連絡帳に至るまで、徐々に3歳児に合わせた動き方にしていく。
養護	生命	○食事、排泄、午睡などが不安なく身につくように、一人ひとりの成長の度合いを把握しておく。	○個々の健康状態に気を配り、活動と休息のバランスをとるようにする。 ○快適に過ごせるように、風通し、室温、湿度に気を配る。	○気候に合わせて、衣類の調節に配慮する。 ○活発にあそぶことにより、けがをしやすくなるので、あそびのルールを確認する。	○寒さに負けない体づくりと、感染症の抵抗力をつけるため、薄着を心がける。
	情緒	○不安要素や自我、 ③ 受け止め、安心して自分の気持ちを表せるようにする。	○自分でしようとする気持ちを大切にし、見守りと手助けを使い分ける。	○保育者に気持ちを受け止めてもらいながら、玩具の貸し借り、順番、交代などの約束事を覚える。	○自分のものと友だちのもの、園のものが少しずつわかり、自己と他人を意識しながらあそび、行動できるようにする。
教育	健康	○手洗い、手拭きができるようになる。 ○保育者と一緒に体を動かし、好きなあそびを楽しむ。	○食後の歯磨きに挑戦する。 ○体をのびのびと動かし、あそぶことを楽しむ。	○手洗いは指まで、うがいはできるだけ長くできるように、競ってあそびながら定着させる。	○手洗いの仕方・うがいの仕方を再確認し、感染症予防に努める。
	人間関係	○保育教諭や友だちと安心した関わりの中で、安定して過ごせるようにする。	○少しずつ友だちとの関わりを持とうとする。	○友だちとの関わりの中で、相手の気持ちに気づいたり、理解しようとしたりする。	○ごっこあそびで少しずつ他人を意識し、共通のあそびを進める。
	環境	○クラス、持ち物、 ④ 靴箱などに興味を示す。	○水や泥、砂などの感触を味わいながらあそぶことを楽しむ。	○散歩に出かけて、自然事象に興味を持つ。	○自然事象に興味を示し、触れたりしてみる。
	言葉	○リズミカルな歌に積極的に関わり、友だちとともに楽しむ。	○絵本や紙芝居に興味を持ち、絵を見て想像を働かせ、言葉を伝えていく。	○あそびながら身の回りの物の名称に親しむ。	○挨拶がはっきりとでき、簡単な問いにも応じられるようにする。
	表現	○クレヨンによる描画や、のりなどの用具に興味を持つ。	○大きくリズミカルな動きを楽しみ、全身を使ったダンスを覚える。	○はさみ、のりを使って立体物に挑戦する。	○感じたことや考えたことを自分なりの表現で伝える。
食育		○みんなで食べる雰 ⑤ み、テーブルを囲んで食べる。 ○食事の挨拶を覚え ⑤ を添えることをチャレンジしてみる。	○よくかんで、最後まで食べる。 ○さまざまな野菜を見て、色や形に興味を示す。	○苦手な食べ物に挑戦しようとする。 ○秋の収穫物や木の実に興味を持つ。	○スプーン、フォークを正しく使い、箸も持てるようになる。 ○食事のマナーに少しずつ気づきはじめる。
健康・安全		○生活リズムを整 ⑥ びの決まりを少しずつ覚える。	○水分補給や休息を心がけ、夏を元気に過ごす。	○朝夕と昼間の気温差に気をつける。 ○火の危険を教える。	○寒さの中でも外で動きまわるとあたたかくなり、体にもよいことを体験できるようにする。
気になる子への対応		○個々の成長の差が ⑦ を理解しながら見守っていく。 ○子どもの発達状 ⑦ かりと把握し無理なく環境に慣れるよう援助 ⑦ く。	○意欲が増す言葉かけや環境を整え、子どもの姿を十分に認めていく。	○ふれあいの中で個々の成長が見えてくるので、大きな発達の遅れの兆候を見逃さない。	○簡単な状況から挑戦できるようにしていき、少しずつできた経験を積み重ねていけるよう支援する。
環境設定		○慣れ親しんでい ⑧ 、新しい友だちなど環境が変わることによる ⑧ 取り除くよう配慮する。	○屋内での動きが活発になることから、危険箇所がないか点検する。	○散歩などの機会をとらえ、季節による自然の移り変わりに興味が持てるようにする。	○進級に向け、少しずつ身のまわりのことを自分でしたり、異年齢児と関わる環境を整えていく。
配慮事項		○新入園児に不安の ⑨ う、気持ちを受け止める。	○水分補給と、冷房の効きすぎに注意をはらう。	○日々の流れが確立できるように、子どもの行動を見守り、場合によって援助する。	○個々の育ちを把握し、自信を持って進級できるよう配慮する。
保護者などへの支援		○進級に合わせ、新し ⑩ 担任となったため、迎え時などに積極的に子ども ⑩ を伝える。	○夏の疾患についての注意喚起と、対処法、園の対応などをしっかり伝える。	○体調や気候に合わせ、調節しやすい衣服を用意してもらう。	○家庭でも薄着で過ごすようお願いする。 ○進級に向けて取り組んでいることを共有する。
行事		○4月　花見散歩 ○5月　こいのぼり ⑪ ○6月　健康診断	○7月　七夕/プール開き ○8月　夕涼み会 ○9月　運動会	○10月　ハロウィンパーティ ○11月　七五三参り ○12月　おもちつき/クリスマス会	○1月　新年のつどい、正月あそび ○2月　節分/発表会 ○3月　ひなまつり/お別れ会
自己評価		○環境に慣れること ⑫ に考え、子どもたちが安心して過ごすことが ⑫ コミュニケーションを積極的にとったことで、保 ⑫ からも安心してもらえた。	○暑い屋外と冷房の室内の温度差を考え、休息や食事に気を配り、夏ならではのあそびを楽しんだ。	○自然に触れてあそぶことが多くできたが、個々の成長の差や感性によって、自分の思いを表出する方法が変化していることがわかり、子どもの成長を見ることができた。	○進級に向けて3歳児クラスを訪問したことで子どもたちの意欲が高まり進級を心待ちにする姿が見られたので良かった。

5 食育

具体的な活動内容や環境設定を記載します。

6 健康・安全

子どもの健康保持のために行うこと、また、安全を確保するための環境設定や設備点検などについて記載します。

7 気になる子への対応

気になる子への共通理解を深めるため、必要な環境設定や援助などについて記載します。

8 環境設定

「ねらい」を達成するために、子どもが活動する際、どのような環境設定が必要か記載します。

9 配慮事項

子どもの状況に応じて、配慮すべき事項を記載します。

10 保護者などへの支援

園から家庭へ、子どもの様子について伝えるとともに、園と家庭とで連携して進めたい事柄について記載します。

11 行事

入園式や運動会など園全体で行うもの、誕生会などクラス単位で行うもの、全てを記載します。

12 自己評価

指導計画をもとに行った保育や指導方法が適切であったかどうか、設定していた「ねらい」を達成できたか、また、改善点などを記載し保育の質の向上を図ります。

※本書の指導計画は、こども園での一例です。
※指導計画の作成は、『平成30年度施行　新要領・指針サポートブック』(世界文化社刊)も併せてご参照ください。

20XX年度 ワンダー園　2歳児年間指導計画案

園長	主任	担当

保育目標：基本的生活習慣を身につけ、自分の思いを言葉で表せるようになる。

年間区分	I期（4月～6月）	II期（7月～9月）	III期（10月～12月）	IV期（1月～3月）
ねらい	○保育教諭や、友だちに慣れ、楽しく園生活を送る。 ○自分のクラス、ロッカーがわかり、一日の生活の流れがわかる。	○生活が安定し始め、安心して園生活を楽しむ。 ○水や砂などの感触を感じながらあそびを十分に楽しむ。	○保育教諭の手助けを徐々に減らし、簡単な身の回りのことをしようとする。 ○屋外に積極的に出て、自然の色の移り変わりを感じる。	○ごっこあそびやグループあそびを楽しむ。 ○進級に備え、生活習慣から連絡帳に至るまで、徐々に3歳児に合わせて動き方にしていく。
養護　生命	○食事、排泄、午睡などが不安なく身につくように、一人ひとりの成長の度合を把握しておく。	○個々の健康状態に気を配り、活動と休息のバランスをとるようにする。 ○快適に過ごせるように、風通し、室温、湿度に気を配る。	○気候に合わせて、衣類の調節に配慮する。 ○活発にあそぶことになり、けがをしやすくなるので、あそびのルールを確認する。	○寒さに負けない体づくりをして、感染症の抵抗力をつけるため、薄着を心がける。
養護　情緒	○不安要素や甘え、欲求を受け止め、安心して自分の気持ちを表せるようにする。	○自分でしようとする気持ちを大切にし、見守りと手助けを使い分ける。	○保育教諭に気持ちを受け止めてもらいながら、玩具の貸し借り、順番、交代などの約束事を覚える。	○自分のものと友だちのもの、園のものがひとつずつわかり、自己と他人を意識しながらあそび、行動できるようになる。
教育　健康	○手洗い、手拭いができるようになる。 ○保育教諭と一緒に体を動かし、好きなあそびを楽しむ。	○食後の歯磨きに挑戦する。 ○体をのびのびと動かし、あそぶことを楽しむ。	○手洗いの仕方、うがいはできるだけ長くできるように、競ってあそびながら定着させる。	○手洗いの仕方、うがいの仕方を再確認し、感染症予防に努める。
教育　人間関係	○保育教諭や友だちと安心した関わりの中で、安定して過ごせるようにする。	○少しずつ友だちとの関わりを持とうとする。	○友だちとの関わりの中で、相手の気持ちに気づいたり、理解しようとしたりする。	○ごっこあそびで少しずつ他人を意識し、共通のあそびを進める。
教育　環境	○クラスや持ち物、ロッカー、手拭きなどに興味を示す。	○水や泥、砂などとの感触を味わいながらあそぶことを楽しむ。	○散歩に出かけて、自然事象に興味を持つ。	○自然事象に興味を示し、触れたりしてみる。
教育　言葉	○リズミカルな歌に興味を持ち、友だちとともに楽しむ。	○絵本や紙芝居に興味を持ち、絵を見て想像を動かせ、言葉を伝えていく。	○あそびながら身の回りの物の名前に親しむ。	○挨拶が自分からできて、簡単な言い回しにも応じられるようになる。
教育　表現	○クレヨンによる描画や、のりなどの用具に興味を持つ。	○大きくてリズミカルな動きを楽しみ、全身を使ったダンスを覚える。	○はさみ、のりを使って立体物に挑戦する。	○感じたことや考えたことを自分なりの表現で伝える。
食育	○みんなで食べる雰囲気を楽しむ。テーブルを囲んで食べる。 ○食事の挨拶を覚え、食器に手を添えることにチャレンジする。	○よくかんで、最後まで食べる。 ○さまざまな野菜を見て、色や形に興味を示す。	○苦手な食べ物に挑戦しようとする。 ○秋の収穫物や木の実に興味を持つ。	○スプーン、フォークを正しく使い、箸も持てるようになる。 ○食事のマナーに少しずつ気づきはじめる。
健康・安全	○生活リズムを整え、あそびの決まりごとを少しずつ覚える。	○水分補給や休息を心がけ、夏を元気に過ごす。	○朝々と昼間の気温差に気をつける。 ○火の危険を教える。	○寒さの中でも水で動きまるであたたかくなり、体にもよいことを体験できるようにする。
気になる子への対応	○個々の成長の差があることを理解しながら見守っていく。 ○子どもの発達状況をしっかりと把握し、無理なく環境に慣れられるよう援助していく。	○意欲が増す言葉かけや、子どもの姿を十分に認めていく。	○ふれあいの中で個々の成長が見えてくるので、大きな発達の運動の兆候を見逃さない。	○簡単な状況から挑戦できるようにしていき、少しづつできることを積み重ねていけるよう支援する。
環境設定	○慣れ親しんでいない部屋、新しい友だちなど環境が変わることによる不安を取り除くよう配慮する。	○屋内の動きが活発になることから、危険箇所がないか点検する。	○散歩などの機会を多くとらえ、季節による自然の移り変わりに興味が持てるようにする。	○進級に向け、少しづつ身のまわりのことを自分でしたり、異年齢児と関わる環境を整えていく。
配慮事項	○新入園児に不安のないよう、気持ちを受け止める。	○水分補給と、冷房の効きすぎに注意をはらう。	○日々の流れが自立できるように、子どもの行動を見守り、場合によって援助する。	○個々の育ちを把握し、自信を持って進級できるよう配慮する。
保護者などへの支援	○進級に合わせ、新しい担任となったため、迎え持などに積極的に子どもの様子を伝える。	○夏の疾患についての注意喚起と、対処法、園の対応などを伝える。	○体調や気候に合わせ、調節しやすい衣服を用意してもらう。	○家庭でも薄着で過ごすようお願いする。 ○進級に向けて取り組んでいることを共有する。
行事	○4月　花見散歩 ○5月　こいのぼり製作 ○6月　健康診断	○7月　七夕/プール開き ○8月　夕涼み会 ○9月　運動会	○10月　ハロウィンパーティ ○11月　七五三参り ○12月　おもちつき/クリスマス会	○1月　新年のつどい、正月あそび ○2月　節分/発表会 ○3月　ひなまつり/お別れ会
自己評価	○環境に慣れることを第一に考え、子どもたちが安心して過ごすことができた。コミュニケーションを積極的にとることで、保護者の方からも安心して待たせてもらえた。	○暑い屋外や冷房の室内の温度差を考え、休息や食事に気を配り、夏ならではのあそびを楽しんだ。	○自然に触れることができてきたが、個々の成長の差や感性によって、自分の思いや表現を方法が変化していることがわかったり、子どもの成長を見ることができた。	○進級に向けて3歳児クラスを訪問したことで子どもたちの意欲によって進級への期待が高まり子どもらしさする姿が見られた。

年間指導計画案

19

月間指導計画ポイント

年間指導計画をもとに、より具体的に計画を作ります。子どもの様子や行事、生活の変化などを考慮し作成することが重要です。

1 これまでの子どもの姿
子どもの発達状態や、園での様子を記載します。

2 月のねらい
「これまでの子どもの姿」をもとに、保育教諭の援助によって子どもが身につけることについて望まれる心情や態度などを記載します。

3 行事
園またはクラスで行われる行事を記載します。

4 保護者支援
保育教諭と家庭が子どもについて相互理解を深め、連携して発達を促すように、伝達すべき子どもの姿や必要な援助を記載します。

4月 月間指導計画案　20XX年度　2歳児　○○○ぐみ

	園長	主任	担当

これまでの子どもの姿 ①
- 新しい環境に徐々に慣れ、新入園児は特定の保育教諭や友だちと寄り添えるようになる。
- 自分のロッカーや物の配置が分かる。
- 主活動で元気にあそんだ後は落ち着いて食事ができる。

月のねらい ②
- 新しい環境に慣れ、保育教諭と信頼関係を持つ。
- 戸外あそびを十分に楽しむ。

行事 ③
- 入園式
- 安全教室
- 避難訓練
- 誕生会

保護者支援 ④
- 園の方針やあそびのねらいなどの様子を発信し、園での活動に理解と協力を得られるようにしていく。
- 話しやすい雰囲気でコミュニケーションを密に取り、信頼関係を築いていく。
- 園での様子を個別の連絡帳で知らせ、家庭での様子や聞きたいことなどを記入してもらう。家庭との連絡を密にすることで、ともに子育てをしていくという思いを共有できるようにする。

		ねらい	環境・構成	予想される子どもの活動	配慮事項
養護	生命	・健康状態を把握し、生理的欲求を満たして快適に過ごせるようにする。 ・保育環境を整えて安全に過ごせるようにする。	・清潔で安全な環境の整備をする。 ・家庭調整などにより、子どもの状況を把握する。 ・衣服の調整をする。 ・家具や備品の配置を工夫する。	・朝の視診を受けることに慣れる。 ・促されて、手洗いうがいや歯磨きをする。 ・欲求に合わせて排泄をする。 ・保育教諭の側で、安心して午睡する。	・毎日の視診でその日の子どもの状態を把握し、早期に異常に気づく。 ・整理整頓や掃除、遊具の安全性などに常に気を配る。
	情緒	・十分なスキンシップを持ち、子どもの欲求を受け止め、気持ちに沿う対応をして心の安定を図る。 ・子どもの様々な感情や考えを受け止め見守って、信頼関係を育む。	・一人ひとりと十分なスキンシップを図る。 ・落ち着く空間を作り、愛着のある物を置く。 ・子どもの活動を見守り思いを受け止める。	・1対1の応答的な関わりやスキンシップを喜ぶ。 ・温かなやり取りの中で、自分の気持ちを表すようになる。 ・愛着のある物を持つことで、落ち着いて過ごす。	・一人ひとりの様子に合わせて対応を考慮し、気持ちを汲み込んだ関わりをする。 ・笑顔で接し、やりたいこと思いを受け入れながらも、してもいいことと悪いことを知らせていくようにする。
教育	健康	・体を動かして好きなあそびをすることを楽しむ。	・子どもの様子に合わせて対応する。 ・遊具などの安全性を確認する。	・好きな遊具で楽しくあそぶ。 ・戸外に出かけ、目にしたものを伝え喜ぶ。 ・走ったり、追いかけっこを楽しんだりしてあそぶ。	・子どもが興味を持ったあそびを一緒に楽しむことで、さらに楽しさが感じられるようにする。
	人間関係	・保育教諭との触れ合いを喜び、親しみを持つ。 ・保育教諭や友だちと同じことをしようとする。	・子どもの気持ちに寄り添い、スキンシップを心掛けて接する。 ・友だちのあそびを見守り、必要に応じて関わる。	・保育教諭の抱っこやスキンシップを喜ぶ。 ・保育教諭などに見守られる中で安心してあそびを楽しむ。 ・友だちのあそびを模倣したりまねしたりする。	・子どもの様子に合わせて接し方を変え、1対1の関わりの時間を持つようにする。 ・生活の節々で、友だちとの関わりが感じられるように工夫する。
	環境	・外気に触れたり草花を見たりして喜ぶ。 ・戸外で自由に散策することを楽しむ。 ・自分のロッカーや玩具などの配置が分かる。	・戸外活動の場所を整備する。 ・戸外へ出かける前の身支度を確認する。 ・子どもの目線で、マークや場の設定をする。	・春の自然に触れ、日差しの暖かさなどを感じて楽しむ。 ・生活の場の探検をし、自分の部屋や物の置き場所を覚える。	・戸外での心地よさが感じられるように、ゆったりと関わる。 ・くり返し一緒に片づけることで、荷物の場所を自然に覚えられるようにする。
	言葉	・保育教諭や友だちの名前を覚え、呼んでみる。 ・絵本や紙芝居などを喜び、親しむ。 ・思いを言葉や態度で伝えようとする。	・名前を呼ぶときは、目線を合わせて笑顔で接する。 ・絵本や身近な物の絵の掲示をする。	・名前を呼ばれて返事をしたり、友だちや保育教諭の名前を呼んだりする。 ・絵本や紙芝居を見たり聞いたりする。 ・言葉や態度で自分の気持ちを伝えようとする。	・返事をした言葉で思いを伝えてきたときには、そのことを十分に認め、受け入れることで子どもの伝えたい思いが満たされるようにする。
	表現	・心地よい音楽に触れ、聴いたり歌ったりして親しむ。 ・クレヨン・折り紙に親しみ、こいのぼり作りを楽しむ。	・場面・活動に合わせた選曲をする。 ・早めにこいのぼりなどの設置を喜ぶ。 ・こいのぼりの材料を準備する。	・親しみのある音楽を聴き、歌ったり体を動かしたりする。 ・クレヨン・のり・折り紙などの使用を喜ぶ。 ・こいのぼりに興味や関心を持ち、製作を楽しむ。	・子どもの様子を見て曲やテンポを変え楽しめるようにする。 ・実物のこいのぼりを見たり、歌などになじむことで思いがふくらむようにする。
食育		・保育教諭や友だちと一緒に、食事をすることを喜ぶ。 ・食事を楽しみ、促されて手洗い・うがいを行う。 ・食事の挨拶を覚える。	・落ち着いて食べられるように、あそびの場と区別する。 ・手洗いうがいの大切さを伝える。	・園での絵食に興味を持ち、初めてのメニューでも少し食べよう。 ・食事の雰囲気を楽しみにし、フォークを少し進んで食べる。 ・援助や、手洗いうがいや口拭きを促されて行う。	・アレルギー除去食品の把握をし、個別に対応する。 ・様子を見ながら、個々に合わせた食事量を調整する。 ・優しく語りかけながら、楽しく食事ができるようにする。
健康・安全		・生活リズムを整える。 ・緊急時は保育教諭のもとに集まることを覚える。 ・生活の決まりを少しずつ覚える。	・次の活動を知らせ、生活の流れが分かるようにする。 ・危険につながる場所や行動の把握をする。	・保育教諭に促されて、次の活動をする。 ・緊急時には保育教諭の話を聞き、一緒に行動することを覚える。	・子どもたちの心と体の様子に合わせて関わることで、落ち着いた生活ができるようにする。 ・日々の生活の中で、少しずつ無理なく危険について知らせていく。
気になる子への対応		A くん…じっとしていることがなく、気に入らないことがあると大泣きして動き回る。何をしたいのか見極め気持ちに添いながら関わり、落ち着けるよう見守っていく。 B さん…誕生月ではあるが、一語文のみで発音がはっきりしない。様子を見ながら、語りかけや口元の動きなど調整していく。			
自己評価		一人ひとりに合わせた対応が十分にできなかった。少しでも1対1の時間をつくって関わるようにした。子どもたちが好きな園内探検やホールでのあそびを多く取り入れることで、少しずつ保育教諭にも親しみを見せ、生活も落ち着いてきたように思う。		子どもの評価	週初は日中も泣いていたが、次第に機嫌が泣いてもすぐにあそび始め、日中は生活の流れに沿って過ごせるようになってきた。保育教諭に慣れてくると友だちにも関心を示し、皆と一緒の活動を楽しみにしている。

※⑤〜⑧に関しては、各項目をさらに「ねらい」「環境・構成」「予想される子どもの活動」「配慮事項」の4つの項目に分けて記載します。

5 養護
保育教諭が行うことが望まれる援助(養護)を「生命」「情緒」の2つの視点に分けて記載します。

6 教育
月のねらいを達成するために展開する保育について、「健康」「人間関係」「環境」「言葉」「表現」の5領域に分け、望まれる心情や態度を記載します。

7 食育
具体的な活動内容や環境設定を記載します。

8 健康・安全
子どもの健康保持のために行うこと、また、安全を確保するための環境設定や設備点検などについて記載します。

9 気になる子への対応
気になる子への共通理解を深めるため、必要な環境設定や援助などについて記載します。

10 自己評価
指導計画をもとに行った保育や指導方法が、適切であったかどうか、設定していた「ねらい」を達成できたか、また、改善点などを記載し保育の質の向上を図ります。

11 子どもの評価
指導計画をもとに行った保育で、子どもにどのような発達があったかを記載します。

※本書の指導計画は、こども園での一例です。
※指導計画の作成は、『平成30年度施行　新要領・指針サポートブック』(世界文化社刊)も併せてご参照ください。

4月　月間指導計画案

20XX年度　2歳児　○○○ぐみ

	園長	主任	担当

行事：○入園式　○安全教室　○避難訓練　○誕生会

これまでの子どもの姿
- 新しい環境に徐々に慣れ、新入園児は特定の保育教諭や友だちに寄り添って遊ぶことができる。
- 自分のロッカーやものの配置がわかる。
- 主活動で元気にあそんだ後は、意欲的に食事をしようとする。

月のねらい
- 新しい環境に慣れ、保育教諭に親しむ。
- 戸外あそびを十分に楽しむ。

保護者支援
- 園の方針やあそびのねらい、生活の様子などを発信し、園での活動に理解と協力を得られるようにする。
- 話しやすい雰囲気でコミュニケーションを密に取り、信頼関係を築いていく。
- 園での様子を個別の連絡帳で知らせ、家庭での様子を聞きたいことなどを記入してもらい、家庭との連絡を密にすることで、ともに子育てをしていくという思いを共有できるようにする。

		ねらい	環境・構成	予想される子どもの活動	配慮事項
養護	生命	○健康状態を把握し、生理的欲求を満たして快適に過ごせるようにする。○保育環境を整えて安全に過ごせるようにする。	○清潔で安全な環境の整備をする。○家庭調査などにより、子どもの状況を把握する。○衣服の調整を図る。○家具や備品の配置を工夫する。	○朝の視診を受けることに慣れる。○促されて、手洗い・うがい・歯磨きをする。○欲求に応じて排泄をする。○保育教諭の側で、安心して午睡する。	○毎日の視診でその日の子どもの状態を把握し、早期に異常に気づく。○整理整頓や清掃、遊具の安全性などに常に気を配る。
	情緒	○十分なスキンシップを持ち、子どもの欲求を受け止め、気持ちに寄り添うことで心の安定を図る。○子どもの様々な感情や考えを受け止め見守って、信頼関係を育む。	○一人ひとりと十分なスキンシップを図る。○落ち着く空間を作り、愛着のある名物を置く。○子どもの活動を見守り思いを受け止める。	○1対1の応答的な関わりやスキンシップを喜ぶ。○温かなやり取りの中で、自分の気持ちを表すようになる。○愛着のある名物を持つことで、落ち着いて過ごす。	○一人ひとりの様子に合わせて対応を考慮し、担当制の保育をしていく。○笑顔で接し、やりたいことや思いを受け入れながらもらいして、もどかしく思いごとを知らせていくようにする。
教育	健康	○体を動かして好きなあそびをすることを楽しむ。	○子どもの様子に合わせて対応する。○遊具などの安全性を確認する。	○好きな遊具で楽しくあそぶ。○戸外に出かけ、目にしたものを喜ぶ。○走ったり追いかけっこを楽しんだりしてあそぶ。	○子どもが興味を持ってあそびを楽しめるように、さらに楽しさが感じられるようにする。
	人間関係	○保育教諭との触れ合いを喜び親しみを持つ。○保育教諭や友だちと同じことをして楽しもうとする。	○子どもの気持ちに寄り添い、スキンシップを心掛けて接する。○友だちのあそびを見守り、必要に応じて関わる。	○保育教諭の抱っこでやスキンシップを喜ぶ。○保育教諭に見守られて安心してあそびを楽しむ。○友だちのあそびを模倣したりあそぶ。	○子どもの様子に合わせて接し方を変え、1対1の関わりの時間を持つようにする。○生活の節に子どもの気持ちを受け止め、友だちとの関わりが感じられるようにする。
	環境	○外気に触れたり草花を見たりして喜ぶ。○戸外で自由に歌ったり踊ったりして楽しむ。○自分のロッカーやものとの配置がわかる。	○戸外活動の場所を整備する。○戸外に出かけ名前の場の状況を確認する。○子どもの目線で、マークや靴の設定をする。	○春の自然に触れ、日差しの暖かさなどを感じて楽しむ。○くり返し一緒に片付けることで、遊具などの置き場所を自然に覚える。○生活の部屋や自分の部屋の物の置き場所を覚える。	○戸外での心地よさが感じられるように、ゆったりと関わる。○物の場所を自然に覚えられるようにする。
	言葉	○保育教諭や友だちの名前を覚え、呼んでみる。○絵本や紙芝居などを喜び親しむ。○思いを言葉や態度で伝えようとする。	○名前を呼ぶときは、目線を合わせて笑顔で接する。○絵本や身近な物の絵の掲示をする。	○名前を呼ばれて返事をしたり、友だちや保育教諭の名前を呼んだりして楽しむ。○絵本や紙芝居を見たりして喜ぶ。○言葉や態度で自分の気持ちを伝えようとする。	○返事をしたり言葉を伝えて思いを伝えてきたときには、そのことを十分に認め、受け入れることで子どもの伝えたい思いが満たされるようにする。
	表現	○心地よい音楽に触れ、歌ったり歌ったりして親しむ。○クレヨン・折り紙に親しみ、こいのぼり製作を楽しむ。	○場面・活動に合わせて選曲をする。○こいのぼりの設置をする。○こいのぼりの材料を準備する。	○親しみのある音楽を聴き、歌うことの喜び、歌ったり体を動かしたりする。○クレヨン・のり・折り紙などの使用に喜ぶ。○こいのぼりに興味や関心を持ち、あそびや、製作を楽しむ。	○子どもの様子を見て自由テンポを変え楽しめるようにする。○実物のこいのぼりを見たり、歌うなどになじみのあることで思いが広がるようにする。
食育		○保育教諭や友だちと一緒に、食事をすることを喜ぶ。○食事を楽しみ、促されて手洗い・うがいを行う。○食事の挨拶を覚える。	○落ち着いて食べられるように、あそびの場を区別する。○手洗い・うがいの大切さを伝える。	○園での給食に興味を持ち、初めてのメニューでも喜んで食べる。○食事の時間を楽しみ、スプーン・フォークを持って進んで食べる。○挨拶や、手洗い・うがい・口拭きを促される。	○アレルギー除去食品の把握をし、個別に対応する。○様子を見ながら、個々に合わせて食事の量を調整する。○優しく語りかけながら、楽しく食事ができるようにする。
健康・安全		○生活リズムを整える。○戸外の空気に触れ、親しむ。○緊急時は保育教諭のもとに集まることを覚える。○生活の決まりを少しずつ守る。	○生活の流れを知らせ、生活の流れがわかるようにする。○次の活動に促されて、生活の流れがわかるようにする。○危険につながる場所や行動の把握をする。	○次の活動に促されて、次の活動がわかるようにする。○保育教諭の話を聞き、一緒に行動することを経験する。○緊急時には保育教諭の話を聞く。	○子どもたちの心と体を子どもに合わせてあそびに入れることで、落ち着いて生活ができるようにする。○日々の生活の中で、少しずつ無理なく危険について知らせていく。

気になる子への対応

Aくん…いつもじっとしていることがなく、気に入らないことがあると大泣きをする。何をしたいのか見極め気持ちに寄り添いながら関わり、落ち着けるよう見守っていく。
Bさん…誕生月ではあるが、一語文のみで発音がはっきりしていない。様子を見ながら、語りかけやあやし元気の動きなどを意識して関わっていく。

自己評価

一人ひとりに合わせた対応が十分にできなかったけれど、少しでも1対1のあそびやあそびを楽しめるようにした。子どもたちが好きな園内探検やボールのあそびを多く取り入れたことで、少しずつ保育教諭にも親しんでいてくれるようになったと思う。

子どもの評価

最初は日中も泣いていたが、次第に登園時に泣いてもすぐにあそびにつながりはじめ、日中は生活の流れに沿って過ごせるようになってくると友だちにも関心を持ち、皆と関わる活動を楽しみにしている。

5月　月間指導計画案

5月　月間指導計画

20XX年度　2歳児　○○○ぐみ

担当	主任	園長

行事
○こどもの日
○母の日
○春の親子遠足
○誕生会
○避難訓練

保護者支援
○連休明けは生活リズムが乱れがちになるため、子どもの様子を伝え、家庭でも無理なく過ごしてもらえるようにする。
○連絡帳や送迎時の対話により、毎日の様子をこまめに伝える。
○衣服の調節や感染症について連絡を取り合い協力してもらう。

これまでの子どもの姿
○不安から泣くこともあるが、次第に園生活に慣れてくる。
○保育教諭や友だちの名前を覚え親しみを持つ。
○好きなあそびをみつけたり、春の自然に触れて楽しむ。

月のねらい
○園での生活リズムをつかむ。
○保育教諭や友だちと一緒に好きなあそびを楽しむ。

		ねらい	環境・構成	予想される子どもの活動	配慮事項
養護	生命	○一人ひとりのペースに合わせ、無理なく園で過ごすことで生活リズムを整える。○排泄では個々のタイミングをつかんで、適ときに行う。	○連休明けの不安な気持ちを受け止め、落ち着いた雰囲気を作るように努める。○排泄のときに、衣服を着脱する場所を、明確にする。	○久しぶりの登園で不安を感じ、泣いてしまう姿が見られる。○午睡時間に眠れず、ごろごろしてうとうとする子が見られる。○トイレを嫌がる子がいる。	○不安な気持ちを受け止め、個々の思いに寄り添っていく。○午睡は無理に寝かせるのではなく、安心して眠れる環境を考慮する。
	情緒	○不安を訴えるときには、安心して過ごせるように援助を行う。○興味を示した活動については、満足感を得られるまで集中して行えるようにする。	○保育教諭とスキンシップを図ったり、ひとりあそびをゆっくり行えるコーナーを設ける。	○長泣きする子を、抱っこなどスキンシップを図ると落ち着くようになる。○お気に入りのタオルを持つと落ち着く子がいる。	○情緒不安定な子には、気持ちの切り替えができるように団から離したり、保育者がスキンシップで接する。
教育	健康	○保育教諭や友だちに見られながらも好きなあそびを楽しむ。○鼻水が出たら自分で拭けるようになる。	○遊具や用具の安全に留意する。○鼻水を拭くためのティッシュを用意する。	○クラスの友だちと一緒にあそぶことを喜ぶ。○促されて鼻水を拭く。	○子どもの発達や気づきに共感し、一緒に喜び合うことで興味を深められるようにする。○頻繁に鼻を使い、鼻水が出ていることに気づけるようにする。
	人間関係	○保育教諭や友だちと意欲的に関わる。○友だちの名前がわかる。	○ごっこあそびやままごとなどを行うコーナーを充実させる。	○ままごとを行い、数名のグループで家族や店員などの設定であそびが展開していく。○気の合う友だちの名前を呼んでは、仲間をつくろうとする。	○ままごとなどはまだ保育教諭の仲立ちがないと成立しない場面もあるので、観察しながら保育教諭が仲介するタイミングを見計らう。
	環境	○戸外でも安心してあそぶ。○生活に必要な場所を覚え、身の回りの物の片付けようとする。○草花や虫などを見つけたりして触れて親しみを持つ。	○取り出しやすく片付けやすいレイアウトにする。○戸外は園庭だけでなく、散策できる場所を決めておく。	○積極的に戸外あそびをする子、そうでない子がいる。○好きなあそびを楽しもうとするが出した玩具を片付けようとしてない次のあそびに移行する。○草花や虫を発見し、驚きや興味を示す。	○戸外あそびに抵抗がある子は、励ましながら戸惑いを解消させていく。○片づけは目的的にするのは難しいので、一緒に行うようにする。○草花や虫を見つけたときの驚きに共感する。
	言葉	○保育教諭や友だちに親しみを持ち、名前を呼んだりして挨拶をしたりする。○保育教諭や友だちに気持ちを伝えようとする。	○子どもが安心して自分の思いを表出できる環境を整える。	○朝や帰りの会では、みんなで元気よく挨拶ができる。○語彙が豊富ではないが、自分の要求や気持ちを他者に伝えようとする。	○挨拶を教えるときは、正確で明瞭な言葉使いに気づける。○些細なことでも、子どもたちの発する言葉にきちんと耳を傾ける。
	表現	○歌やリズムあそびや友だちと一緒に楽しむ。○様々な素材に触れ、製作を楽しむ。	○季節にちなんだ歌を選曲する。○製作では、いくつかの色や素材を使えるように設定する。	○保育教諭の歌真似の歌に続いて元気に歌ったり、リズム感を感じながら思い思いにイメージしながら製作を行う。○完成形をイメージしながら製作を行う。	○自分でできたという達成感を味わえるように、自由度の高い製作にする。
食育		○食事の前には手を洗う。○席について座って食べようとする。○スプーンやフォークを使って食べようとする。	○みんながきちんと座って食事ができるように、向かい合って座る。○食べる前に、フォークやスプーンの持ち方を確認する。	○食べ終わる前に立ち歩く子がいる。○好き嫌いがあり、励まして拒否する食材がある。○手づかみで食べる子がいる。	○立ち歩いてしまう子には、根気よく決まりであることを意識づけるよう言葉掛けをする。○意欲を損なわないように、手づかみ食べについては認め、スプーンなどの使い方を丁寧に教える。
健康・安全		○戸外活動では帽子をかぶる。○遊具などの破損や、その他の危険箇所について改善を図る。	○園外保育に出るときは、ルートの危険箇所を把握する。	○より活動的になって、廊下やテラスを走る子が増える。○園庭の大型遊具にチャレンジしようとする子がいる。	○思いっきり体を動かしてよい場所と、静かに歩くことが望ましい場所を丁寧に伝えていく。○バランス感覚や体力に合った遊具を使って楽しめるように、必要に応じて保育教諭が助けを行う。

気になる子への対応
Aくん…発達支援センターと連携をとり、園と家庭で同様に取り組んでいけるよう、保護者の理解を求める。
Bさん…戸外あそびに慣れないのか、戸外あそびに消極的であった。無理強いせず室内あそびをさせてあげればよかったのかもしれないが、活動範囲を広げたいという思いもあり、戸外あそびで興味を示すものをさりげなく準備してくる必要性があった。
Cさん…4月からの転園であったが、慣らし保育の期間の2日間しか泣かれない。急な生活の変化に戸惑う気持ちを受け止め、仲間づくりの手助けを行う。

自己評価
○登園時に泣いている子が少なくなって、朝からの活動のスタートを切れるようになった。先月と比べて保育時間が長くなっても好きなあそびをみつけて楽しむ姿が見られるようになった。

子どもの評価

6月　月間指導計画案

20XX年度　2歳児　○○○ぐみ

	園長	主任	担当

行事：○歯科検診　○保育参観　○誕生会　○避難訓練

保護者支援
- 梅雨期に入り、体調をくずしやすくなるので子どもの健康状態について保護者と連絡を取り合う。
- 歯科検診の結果を知らせ、治療が必要な子どもも歯科で受診してもらう。

これまでの子どもの姿
- 一日の生活の流れがわかり始め、簡単な身の回りのことを自分でしようとする。
- 好きなあそびを楽しむ中で、簡単な会話をしながら友だち同士で関わることが増えてきた。

月のねらい
- 梅雨期の健康に留意し、気持ちよく過ごせるようにする。
- 保育教諭や友だちと一緒に好きなあそびを楽しむ。

		ねらい	環境・構成	予想される子どもの活動	配慮事項
養護	生命	衣服の着脱を少しずつ自分でできるようにする。／保育教諭に手伝ってもらいながら清潔の習慣が身につくようにする。	着脱では、すぐに手を出さずに子どもの行動を見守るようにする。／ティッシュやペーパータオルなどは使いやすい場所に置く。	自分で着脱ができるようにする。／保育教諭に促されて手や口を流したり、うがいをしようとする。	個別に援助の内容を変えていきながら着脱の仕方を伝えていき、少しずつ自分でできるようにしていく。／手や口を洗ったり口の中をすすぐなど、仕方を伝えながら清潔に過ごせるように伝えていく。
	情緒	保育教諭や友だちと一緒に好きなあそびを十分に楽しめるようにする。	落ち着いた雰囲気をつくったり、必要な玩具を用意するなどあそびに集中できるようにする。	ひとりあそびに夢中になったり、友だちと関わりながら好きなあそびを楽しんだりする。	あそぶ姿を側で見守り、一緒にあそんだりしながら安心してあそべるようにする。
教育	健康	自分から、あるいは保育教諭に声を掛けてもらいながらトイレに行き、排泄しようとする。／保育教諭や友だちと一緒に体を動かすあそびを楽しむ。	トイレはいつも清潔にしておく。濡れたときはすぐに拭いて消毒できるように準備しておく。／室内で体を動かしてあそべるように、環境を整えてあそびを用意する。	尿意を保育教諭に伝え、トイレへ行こうとする。／保育教諭に促されてトイレへ行く。／保育教諭のまねなどして体操を楽しんだり、大型遊具などであそぶ。	排泄のタイミングを見計らい、トイレへ促したり、排泄できたときはほめたり、次への意欲へとつなげていく。／安全にあそべるよう見守りつつ、保育教諭と一緒に体を動かしながら、体を動かす楽しさを味わえるようにする。
	人間関係	気の合う友だちと一緒にあそぶことを楽しむ。	玩具はわかりやすく分類して、子どもの即の取り出しやすい所に用意する。	気の合う友だちと関わりながらあそんだりすることなどを楽しむ。／動物などになりきって、体を動かしてあそぶ。	子ども同士のあそぶ姿を見守りながら、保育教諭もあそびに参加したり、言葉を付け加えたりしながら一緒にあそぶことを楽しめるようにする。
	環境	梅雨期の生き物や自然を見たり触れたりする。／砂、泥、水に触れてあそぶことを楽しむ。	散歩コースは危険がないか事前にチェックしておく。／スコップやバケツなどの玩具を用意しておく。	身近な生き物や草花の名前を知る。／砂山や泥団子を作ったりする。／手などが汚れるのを嫌がる。	子どもの発見や喜びに共感しながら、動植物に親しみをもてるようにする。／砂あそびなどを楽しみながら、嫌がる子どもは見守り、少しずつあそびに誘えるようにする。
	言葉	保育教諭や友だちと一緒に絵本や紙芝居を見ることを楽しむ。	落ち着いた雰囲気の中で、絵本を見たり聞いたりして楽しめるようにする。	くり返しの言葉をおもしろがり、まねして言う。	読み方にメリハリをつけながら読んだり、言葉のくり返しのおもしろさなどを味わえるようにする。
	表現	リズムに合わせて楽器を鳴らしたり体を動かしたりすることを楽しむ。	季節に合った曲など、子どもの好きな曲を多く取り入れる。	保育教諭の姿を見ながらまねたり、一緒に歌ったりする。	子どもがまねしたくなるように、保育教諭が率先して楽器を鳴らしたり体を動かしたりする。
食育		食器に手を添えたり、スプーンやフォーク等を正しく持って食べる。	子どもの様子を把握できるように、テーブルを配置する。	食器に手を添えずに食べたり、こぼしてしまう姿も見られる。	一緒に食事を楽しみながら、食器に手を添えたり箸やフォークの使い方などを個別に知らせていく。
健康・安全		天候に合わせて衣類の調節をしたり水分補給を十分行う。／室内あそびでは、部屋の空間を広くゆったりとあそべるようにする。	室内の温度や湿度を調節する。／水分補給のための麦茶を用意する。／危険な物は排除し、広い空間をつくる。	保育教諭に促されながら衣服を着替えたりする。／保育教諭に見守られながら、広々とした中であそぶことを楽しむ。	一人ひとりの健康状態に合わせるなどし、健康に過ごせるようにする。／分補給をするなど、水をこまめにとる。／玩具や遊具など定期的な点検を行ったり、安全にあそべるよう全体を見直して注意を払う。

気になる子への対応
D・くん…母親の出産のため1か月ほどお休み、今月より登園する。スキンシップを図りながら無理なく園生活に戻れるよう配慮する。

自己評価
汗をかいたら着替えたり、手洗いや食後に口をゆすぐなど、保育教諭が一緒に行いながら清潔に過ごすことの気持ちよさを伝えていきたい。また、梅雨期の自然にも触れながら園庭に出て、そのつもりになってあそぶなど広く取り組んでいきたい。しかし、玩具の取り合いなどでトラブルになることもあった。互いの気持ちを受け止めながら、順番などの約束事を知らせていきたい。

子どもの評価
着脱では、汗で肌着がくっつきにくくなってきた様子で着替える子も見られたが、保育教諭に手伝ってもらいながら自分でしようとする姿が見られた。また、室内あそびでは音楽に合わせて踊ったり、動物の自然などに触れるあそびの取り組む姿も見られた。また、積み木などを食べる子も見立ててであそべるような姿が多く見られた。

7月 月間指導計画案

20XX年度　2歳児　○○○ぐみ

	担当	主任	園長

行事	○七夕まつり　○キッズスペシャルデー　○夕涼み会　○誕生会　○避難訓練

保護者支援	○汗をかいて着替えることが多いので、着脱などの調整のしやすい衣服を多めに用意してもらう。○虫さされ、とびひなど、夏の病気について保護者により知らせる。○食事をしっかり取り、体調について連絡を取り合う。

これまでの子どもの姿

○自分で衣服の着脱やカバンの中から物を出し入れするなると、頑張ってしようとする姿が見られる。
○友だちとの関わりが多くなり仲良く遊ぶ一方で、思い通りにならなくて泣いたり、相手をたたいたりする。

月のねらい

○簡単な身の回りのことを自分から進んでしようとする。
○水や砂、泥などの感触を味わいながら夏ならではのあそびを楽しむ。

		ねらい	環境・構成	予想される子どもの活動	配慮事項
養護	生命	○水分補給や休息を十分に取り、汗をかいたらこまめに着替えるなど、暑い日を健康に過ごせるようにする。	○室温や換気に留意し快適な生活空間で過ごせるようにする。○水分補給の為のお茶やコップを常に用意しておく。	○のどが渇いたと感じたら、保育教諭に伝えるようになる。	○活動に合わせて水分補給や休息を適宜とり、暑い夏を無理なく過ごせるようにする。
	情緒	○子どもの心の変化に、友だちと同士の関わりによるトラブルなどをよく見、優しく言葉を掛けたり、抱っこをして不安を取り除く。	○子どもが楽しめる遊具を選び、保育教諭や友だちと関わることができる、空間、時間をつくる。	○自分の欲求が満たされさると大泣きをするが、保育教諭に気持ちを認めてもらい、あそぶことができる。	○原因を確かめ、子どもの気持ちに寄り添い、スキンシップを図りながらも落ち着かせる。
教育	健康	○簡単な身の回りのことを意欲的にしようとする。○戸外で体を動かすあそび（ブランコなど）を友だちや保育教諭と楽しむ。	○自分でしようとする姿を優しく見守り、しっかりと挑戦できる時間をつくる。○戸外に出るときは帽子をかぶるなどの言葉かけをする。○安全に活動できるようにする。	○着脱や片付けなど、進んでしてやってみようとする。○好きなあそびをみつけ、集中して、くり返し行う。○体を動かすのが楽しいことを知る。	○自分でしてみようとする思いを尊重し、ほめたりさりげなく援助したりしながら意欲を高めていく。○一緒に探求したり、遊具の使い方を工夫し、体の機能が発達するよう援助する。
	人間関係	○自分の意思を保育者に伝えたり、友だちと関わる中で、まねをしたり玩具を共有したりする。	○子ども同士の気持ちを伝えながら、うまく関われるようにする。	○保育教諭の側で安心してあそぶ。○安心できる環境の中で、友だちと関わろうとする。	○保育教諭があそびの輪に入り、簡単なルールを知らせる。○トラブルが起こったときは保育教諭が間に入り、お互いの気持ちを代弁していく。
	環境	○戸外あそびによる開放感を味わい、目や耳からの情報により、物事への興味・関心・関心を持つ。○水、砂、泥に触れることを喜び感触を楽しむ。	○保育教諭が仲立ちし、戸外あそびの約束をしっかりと確認し、危険がないように保育教諭の立ち位置を考慮する。	○触れるもの（泥・水・砂）への興味を示す。○自分の好きなあそびをみつけ、場所をみつける。	○保育教諭と同じあそび（泥・水・砂）をすることで、安心して取り組むことができるようにする。○あそびの中で休息を取り入れ、静と動のバランスに配慮する。
	言葉	○ごっこあそびなどでの言葉のやりとりを楽しみ、目に言葉主張（いや！など）ができてくる。	○日常の言葉のやり取りや、絵本の読み聞かせにおける子どもの言葉に耳を傾ける。	○日常の言葉のやり取りや、絵本の読み聞かせにより、言葉を聞きき、考える。	○一人ひとりの話に耳を傾け、会話することで言葉を覚え、人と話すことの楽しさを大切にして伝える。
	表現	○保育教諭と一緒に手あそびをしたり、体を動かして楽しむ。○色や形、手触りなどに気づいて感じたりして楽しむ。	○くり返し行うことにより、興味を持てるようにする。○諸感覚を動かせるあそびや素材を用意する。	○曲想により、変化をつけることができる。○楽しんで手あそびをしたり、体を動かす。○泥や砂の感触を楽しむ。	○静・動、様々なことを工夫しながら、喜怒哀楽を心から表現できるよう、保育教諭自ら行う。○子どもの気持ちに共感していきながら、様々な経験が得られるようにする。
食育		○スプーンを使って意欲的に食べる。	○子どもの食べるペースに合わせて、食べられる量を調整する。○残さず食べられたら満足感を持たせる。	○友だちの食べている姿を見て、自分も食べようとする。○食事が終わってから座って待つ。	○食事のマナーを知らせる。「いただきます」「ごちそうさま」を言うことで、食事をとに満足感につなげる。○暑さや疲れで食欲が落ちてくるため、一人ひとりの適量を見極め、完食できるようにする。
健康・安全		○皮膚疾患などの衛生面に気を配る。○戸外あそびや水あそびなど、安全に楽しめるようにする。	○危ない箇所は取り除くなど、事前に配慮する。	○汗をかいたことを保育教諭に伝え、試してもらう。	○水、泥あそびの前には子どもの体調や肌の状態をしっかり観察する。○緊急時、けがの場合の対応を頭に入れ、安心してあそびに入れるようにする。

気になる子への対応

A くん…嫌がってトイレに入ろうとしない。トイレにAくんの好きなな電車の写真を貼るなどに、あそびの輪に入れてあげたようにする。また気の合う友だちと一緒にトイレに入る機会をつくる。無理強いせず、少しでも入れたら認めていく。

自己評価

○暑さにより個々の体調の差も目立ち、仲立ちして、あそびの輪に入れようと思ったように、気持ちを落ち着かせることができない場合が多かった。○興味を示すあそびの工夫をすれば、気持ちの切り替えができたのではないかと反省する。

子どもの評価

○暑さのためか、集中してあそぶことが少なく、トラブルが多かった。
○泥や水であそぶ姿は楽しそうで、友だちとの会話も見られた。

8月 月間指導計画案　20XX年度　2歳児　○○○ぐみ

園長	主任	担当

行事
- ○すいか割り
- ○お盆保育
- ○異年齢交流日
- ○誕生会
- ○避難訓練

これまでの子どもの姿
- ○暑い日に汗をたくさんかきながら過ごす。
- ○食欲が落ち込み、水分を多くとりたがる。
- ○水に慣れ、プールあそびがダイナミックになる。
- ○語彙が増え、会話が成り立つようになる。

月のねらい
- ○ゆったりとした生活の中で、暑い夏を快適に過ごせるようにする。
- ○保育教諭や友だちと一緒に夏のあそびや夏の行事を楽しむ。

保護者支援
- ○感染症にかかりやすい時期なので、日々の体調を細やかに伝えていく。
- ○早期に対処ができるよう配慮しながら、盆休み明けの生活リズムを整えていく。
- ○園と家庭とで協力し合いながら、盆休み明けの生活リズムを整えていく。

	ねらい	環境・構成	予想される子どもの活動	配慮事項
養護 生命	○自分で汗をぬぐったり、着替えたりして気持ちよさを感じられるようにする。	○汗拭き用タオルは個別に用意し、子どもが自由に手に取れるようにしておく。	○タオルで汗をふけることを喜び、何度も試している。 ○ロッカーから自分で服を取り出し、着替えようとする。	○心地よさに気づけるような言葉掛けを工夫する。 ○できない部分はさりげなく手伝いながら、自分でできた満足感を持たせていく。
情緒	○静と動のバランスを考慮しながら、無理のない生活リズムで過ごす。	○あそびの中でも、寝転んだりゆったりできるコーナーを設計する。	○暑さのせいで元気や食欲がなくなる。 ○汗をかきながらも、活発に体を動かしてあそぶ。	○一人ひとりの健康観察をしっかり行い、ゆったりとした生活の流れを心掛けるようにする。
教育 健康	○排泄後の始末や手洗いを自分でする。 ○暑さに負けず元気にあそぶ。	○トイレは常に清潔にし、気持ちよく使えるようにする。 ○体調の悪い子どもは、別のあそびを楽しめるようにする。	○トイレットペーパーを使い過ぎる。 ○蛇口のひねり方がわからない。 ○気の合う友だちを誘って夏のあそびを楽しむ。	○側について十分なところは、その都度声を掛けたり、手本を見せたりして知らせていく。 ○水分補給や状態をとる一人ひとりの健康状態に留意する。
人間関係	○運動あそびのルールが少しずつ知っていく。 ○異年齢児と交流して楽しくあそぶ。	○楽しい雰囲気を大切にしながら進める。 ○あそびの個人差があるなかでも、みんなが楽しめるあそびを設定し仲良くあそべるようにする。	○自分の順番がくるのを楽しみにしている。 ○保育教諭に促されないと、走り出せない。 ○自分より年上の子と関わり、あそびを模倣する。	○"順番が来るまで座って待つ" "用意ドンで走る" などのルールを、保育教諭と一緒にすることで身につくようにしていく。 ○異年齢児との関わりを通して、ルールやあそびについていけるようにする。
環境	○夏のあそびを保育教諭や友だちと楽しむ。	○プール、水あそび、流量ごっこなど、水に関するあそびを多く設定する。	○全身であそびを楽しむ。 ○まだ水にならじめ、あそびに消極的。	○それぞれの様子に合わせてあそびへと誘い、水の感触を十分に楽しめるようにする。
言葉	○気持ちを言葉で表し、友だちとの関わりを楽しむ。	○友だちと関わりながらあそべるあそびや、玩具やコーナーを用意する。	○友だちと一緒にあそぶが、気持ちをうまく言葉にできず、けんかになることもある。	○気持ちが通じる嬉しさを感じられるように、思いを代弁するなど、仲立ちをする。
表現	○はさみやのりを使ってあそぶことを楽しむ。	○はさみ、のりは人数分用意し、テーブルには少人数でゆったりと座れるようにする。	○線に沿って切ることができる。 ○初めてのはさみに触れるかもしている。	○落ち着いて取り組めるように、小グループで活動し、はさみの使い方を丁寧に教える。
食育	○旬の野菜を知る。 ○正しいスプーンの握り方を身につける。	○ランチルームに行き、実物に触れたり調理の様子を見学する。 ○スプーンを使ったあそび（豆移し・スポンジ移し）を準備しておく。	○野菜の名前を覚え、生活の中で口にする。 ○給食を食べながら、知っている食べ物の名前を言う。 ○握り方を意識しながら、スプーンを使う。	○見る、触る、食べるをくり返すことで、食に対する興味を持たせていく。 ○上手に使えたときは認めていき、自信につながるように援助していく。
健康・安全	○プールあそびの安全面に気をつける。	○足を滑らせないよう、プールの周りにはすのこのマットを置く。	○はしゃぎ過ぎて、危険な場面も見られる。	○あそぶ前には約束事を話し、くり返し伝えていく。 ○担任間で声を掛け合い、しっかり見守る。

気になる子への対応
D くん…着脱や水分補給を十分にとれるよう、生活の流れに注意した。少しでも自分でしようとする姿をみつけて認めていく。また握力がないことを把握する気持ちを大切にしながら、上手に取り組めるよう見守ったり、手を添えて教えていったり、はさみへの関心は個人差があるので取り入れていく。

子どもの評価
○プールあそびだけでなく、様々なあそびの中で水に親しむことで、水が苦手なあそびもあそびをみつけることができた。自分でできることを増やすなど、何事にも積極的に取り組むようになった。

自己評価
○休息や水分補給を十分にとれるよう、生活の流れに注意した。少しでも自分でしようとする意欲をみせ、身の回りのことを自分でやろうとしている気持ちを大切にしながら、上手に取り組めるよう見守ったり、手を添えて教えていったりした。はさみへの関心は個人差があるので、経験を重ねることで関心を高めていきたい。

9月 月間指導計画案

9月 月間指導計画案

20XX年度　2歳児　○○○ぐみ

	担当	主任	園長

これまでの子どもの姿	○友だちとの関わりも増え、自己主張も強くなり、お互いにぶつかり合うことも多くなる。 ○自分でできる喜びを感じ、身の回りのことを自分でやろうとする意欲が見られる。
月のねらい	○夏の疲れを癒し、生活リズムを整えて心身ともに安定して過ごす。 ○保育教諭や友だちと一緒に十分に体を動かし、戸外あそびを楽しむ。

行事	保護者支援
○衛生の日 ○特別避難訓練（防災の日） ○十五夜（おだんご作り） ○運動会合同練習 ○食育の時間 ○誕生会	○暑さの疲れが出やすい時期なので、家庭でも睡眠を十分にとってもらえるようにする。生活リズムを整えて園に送り出してもらえるようにする。 ○気温差で汗をかいたり着脱しやすい服やはきやすい靴を用意してもらえるように、個別に声を掛けお願いしていく。

		ねらい	環境・構成	予想される子どもの活動	配慮事項
養護	生命	○家庭との連絡や関わりも増え、子どもの体調の変化などに適切に対応できるようにする。 ○快適に過ごせるように、室温や風通しなどに気を配り、落ち着いて生活できるようにする。	○体調が気になる子の保護者には、積極的に声を掛け、家庭での様子を把握する。 ○その日の天候や気温に合わせて、風通しをよくしたり、必要に応じて冷暖房の調整を行う。	○暑い日もまだ多く、暑さによる疲れのために、体調を崩して泣いたりする子がいる。 ○戸外あそびや室内で、暑さのため室内に入りたがる子もいる。	○一人ひとりの体調をしっかり把握し、無理のない活動計画を立て、生活リズムを整えていけるようにする。 ○たくさんあそんだ後は、頑張った姿を十分認め、ゆったりした気持ちで休息をとれるようにする。
	情緒	○保育教諭や友だちに、自分の気持ちを安心して表現できるようにする。 ○自分でやりたいという思いを尊重しながら、必要なときには援助をし、達成感を味わえるようにする。	○一人ひとりのペースに合わせて声を掛けたり、気持ちを受け止めながら援助していく。 ○様々な場面で意欲的に取り組めるような、声掛けや雰囲気づくりを心掛ける。	○自己主張が強く、素直に保育教諭の話を聞くことができずに怒ってしまうことがある。 ○衣類の着脱など一人でやろうと頑張る姿が見られる。できたときには保育教諭に見せにくる子もいる。	○自分の気持ちをうまく伝えられているときには、その都度気持ちを受け止め、素直に表現することができるように援助し。 ○頑張ってできたときには、たくさんほめて認めることにより、次も頑張ろうという意欲を持てるようにする。
教育	健康	○戸外で体をのびのびと動かすことを楽しむ。	○一人ひとりが、のびのびと体を動かしながら活動できるスペースをつくる。	○保育教諭の動きをまねしたりしながら、はりきって体を動かし、喜ぶ姿が見られる。	○積極的に体を動かすことができるよう、保育教諭自身ものびのびと体を動かしながらリードしていく。
	人間関係	○友だちと関わりのなかから、模倣あそびやごっこあそびを楽しみ、一緒に活動する楽しさを味わう。	○興味、関心が持てるような玩具を用意し、ときには保育教諭も一緒にあそびながら、使い方や友だちとの関わりの方法を知らせていく。	○玩具を取り合い、けんかになってしまうことがある。 ○ごっこあそびで友だちと、共通のあそびを楽しむ子もいる。	○けんかの起きたときは、両者の話をよく聞き、互いに納得できるよう、一緒に考えたり話したりしていく。 ○なかなかあそびの輪に入っていけない子には、優しく声を掛け、保育教諭が仲立ちとなってあそびの輪に入れるよう配慮する。
	環境	○秋の植物や虫を見たり、触れたりして季節を感じる。	○積極的に戸外に出て、自然に触れられる機会をつくる。	○虫や動物をみつけ、触れたりしながら楽しんでいる。中には虫を怖がる子もいる。	○秋の植物や虫をみつけたときには、声を掛けながら一緒に触れて楽しんだりして、秋の気配を感じられるようにする。
	言葉	○生活やあそびの中で、簡単な言葉のやり取りを楽しんだり、身の回りの物の名前を覚える。	○日常の生活の場面や、絵本、紙芝居などを楽しみながら、身近な言葉や名前を覚えていく。	○絵本や紙芝居の中で気に入った場面について、自分から話をしたり、フレーズをまねたりして楽しむことがある。	○様々な話に興味が持てるよう、はっきりとした声で話をした絵本を、音で楽しめるような絵本、紙芝居を選んでおく。
	表現	○音楽に合わせ、歌ったり踊ったりしながら、運動会の遊戯を楽しむ。	○楽しんで参加できるように、子どもたちの様子に合わせながら盛り上げていく。	○初めは恥ずかしがったり戸惑ったりする子がいるが、慣れてくると積極的に歌ったり踊ったりできるようになってくる。	○遊戯はメリハリのあるわかりやすい振り付けにし、保育教諭自身も楽しみながら踊っていく。
食育		○地元の特産物も多い秋の食べ物を知り、身近に感じる。 ○よく噛んで食べる習慣が身につくようにする。	○秋の食べ物について、話をしたり、歌を歌う。 ○保育教諭も一緒に食事をとり、見本を見せながら、よく噛んで食べることができるよう声掛けをしていく。	○食器に興味を持って食べたり、こぼしてしまう姿も見られる。	○一緒に食事を楽しむ中で、食器に手を添えたりスプーン、フォークの使い方などを個別に知らせていく。
健康・安全		○防災の日について、なるべく理解できるようにする。 ○その日の天候や気温に応じて、こまめに着替えたり、水分補給を行う。	○防災の日については、紙芝居などを使いながら、わかりやすく話をする。 ○一人ひとりの着替えの中身を確認し、足りないときは補充してもらえるよう保護者に声を掛ける。	○特別避難訓練では、非常ベルの音や雰囲気に驚き、泣き出してしまうこともある。	○落ち着いて避難訓練に参加できるよう、不安がる子は水分をとりながら過ごしていく。 ○汗をかいたときには着替えをし、水分などを持ちらくるよ過ごせるようにする。

気になる子への対応	Aくん…意欲的に活動を行っているが、周りが見えずぶつかったりぶつけられたりすることが多い。距離感と力加減がつかみにくくなることがあるので、タッチングなどであそびを取り入れていく。 Bさん…言葉は理解しているが、周りの子どもを見てから行動することが多い。周りの子どもに声を掛けることで話をしていくとともに、その子だけに偏らないようにする。本人がよく友だちと遊んでいるので、他のクラスの子どもたちが見てくれると喜んでいる。

自己評価	子どもの評価
○暑い日が多かったが、なるべく風通しをよくし、こまめに水分補給を行うなどして、元気に過ごすことができた。 ○水分補給で自分のコップを使用するが、毎日行っているので、以前よりスムーズに行えるようになった。 ○運動会の練習は、皆はりきって参加している。遊戯では、他のクラスの子どもたちが見てくれると喜んで踊る姿が見られ、本番にも期待を持っている様子である。	

10月 月間指導計画案

20XX年度　2歳児　○○○ぐみ

担当	
主任	
園長	

行事	○運動会　○お弁当の日　○子育てサロン　○リトミック教室　○いも掘り　○誕生会	○避難訓練	保護者支援

これまでの子どもの姿
○リズムやかけっこなど、体を動かすことを楽しむ。
○園外に出かけ、様々な自然物をみつけたり集めたりしてあそぶ。
○秋の自然に触れ、戸外で体をのびのび動かして元気にあそぶ。

月のねらい
○秋の自然に触れ、戸外で体をのびのび動かして元気にあそぶ。

		ねらい	環境・構成	予想される子どもの活動	配慮事項
養護	生命	○気候や活動に合わせて衣服の調節をする。 ○水分補給や休息を行ない、健康に過ごす。	○長袖、半袖、両方を用意してもらい、状況に応じて着替える。 ○水分補給ができるようにお茶やコップを用意する。	○戸外での活動が多くなり、体の異常を保育教諭に伝えるようにする。	○一人ひとりの健康状態を把握し、必要な対応を適宜行う。 ○自分でできたときは、たくさんほめて次への意欲へつなげる。
	情緒	○自分でやりたい気持ちを大事にして見守り、自分でできた喜びを味わえるようにする。	○衣服の着脱は、たたみ方を教えたり、前後の確認を一緒に行いながら、できるようにする。	○頑張ればできることは、自分でしようとする姿が見られる。 ○自分でできることにも甘えては保育教諭にやってもらおうとする。	○一人ひとりの気持ちを受け止め、手伝いが必要なときは一緒に行いながら、やりとげられるようにしていく。
教育	健康	○走ったり、跳んだり、引っ張ったり等の運動あそびを楽しむ。	○子どもが挑戦してみたいと意欲を持って取り組める遊具や用具を用意する。	○広い場所で走ったり、運動用具を使ってあそんだりする。	○安全な環境の中で、全身を動かすことの楽しさを感じられるようにする。
	人間関係	○運動会に向けて、友だちと一緒に活動する楽しさを味わう。	○グループをやり、様々な友だちと触れ合えるようにする。	○友だちと手をつないで行進したり、かけっこで競走したりすることを楽しむ。	○子ども同士が近くに座ったりすることが多くなるので、押したりするようなトラブルがないように目を配る。
	環境	○自然物を拾ったり集めたりし、それらをあそびに取り入れて楽しむ。	○拾ったきの実などを入れるどんぐりバッグを作り、散歩時に持っていく。	○どんぐりや落ち葉を拾って、ままごとあそびに取り入れたり、容器に入れて飾って楽しんだりする。	○自然物集めに夢中になり、ついつい危険な所に行ってしまわないように見守る。
	言葉	○生活やあそびの中で必要な言葉を使って友だちと会話を楽しむ。	○言葉のやり取りができるように、その場に応じた言葉を伝えていく。	○友だちや保育教諭と、ごっこあそびなどでやり取りを楽しむ。	○うまく言葉が伝わらないときは、気持ちを代弁したりの仲立ちになったりしていく。
	表現	○リズムに合わせて踊る楽しさを味わう。 ○運動会での飾り作りを楽しむ。	○子どもたちの好きな曲を用意する。 ○飾り作りに必要な素材・道具を用意する。	○音楽が流れると、曲に合わせて体を楽しく動かす。 ○台紙に顔を描いて、万国旗作りを楽しむ。	○一緒に体を動かし、楽しい雰囲気を心掛ける。 ○イメージがふくらむよう言葉掛けを行う。
食育		○体を十分に動かし、空腹感を味わう。	○一緒に食べたい友だちや保育教諭と食事ができるようにする。	○お腹が空いたことを友だちと共有し、楽しく食事の時間を楽しみにする。	○一緒に食べたいという気持ちに共感し、楽しく食事に向かえるようにする。
健康・安全		○運動後は水分補給をしっかり行ない、健康に気をつけて過ごす。	○水分補給がすぐにできるように、取りやすい所に水筒を置いておく。	○運動や戸外であそんだ後は、汗をかいているので水分補給を行う。	○運動の後は、落ち着いてゆったりと過ごせる活動を行い、体を休められるようにする。

気になる子への対応
Dくん…母親の出産後、情緒が不安定で友だちとのトラブルが増えてきた。保育教諭と対1で触れ合う時間を多くとり、気持ちを満たしていけるように心掛ける。
Eさん…先月から途中入園。初めての集団生活のため、まだ慣れずに登園時は泣いて来ることが多い。担当保育教諭が関わっていく。

子どもの評価	自己評価
○楽しく運動会に向けて活動することができたが、当日は緊張したり泣いてしまう子が数名いた。生活面では、自分から進んで水分補給を訴える子どもが増えてきた。	○一人ひとりの発達状態を見ながら、排泄、着替え、食事の援助を行うことができた。戸外での活動時間を考慮したり、水分補給をこまめに行うことができ、体調を崩す子もいなくてよかった。

27

11月 月間指導計画案

月間指導計画案

20XX年度 2歳児 ○○○ぐみ

担	
園長	
主任	

行事
○嘱託医による内科検診・歯科検診
○清潔生会
○誕生会
○避難訓練

保護者支援
○薄着の大切さを知らせ、気温や活動に応じて調節しやすい衣服の用意をしてもらう。
○風邪、嘔吐、下痢などによる体調の変化を観察し、必要があれば保護者と連絡をとるなどして、健康状態をしっかりと把握する。
○持ち物の名前が薄くなっているものに、記名し直してもらう。

これまでの子どもの姿
○朝夕の気温差に応じて衣服を調整し、日中はできるだけ薄着で過ごす。
○運動会活動を通して、体を動かす楽しさや心地よさを感じる。

月のねらい
○秋の自然に触れながら、戸外で体を動かしてあそぶ。
○戸外で体を動かすことを喜び、気の合う友だちを誘ってあそびを楽しむ。

		ねらい	環境・構成	予想される子どもの活動	配慮事項
養護	生命	○気温の変化に応じて衣服を調節し、薄着で過ごせるようにする。○遊具の安全などを知らせ、見守ったり手を添えたりしながら友だちとあそぶ楽しさが味わえるようにする。	○着替えやすいように衣類を用意しておく。○一人ひとりが十分にあそびを楽しめるように遊具を配置し、整える。	○身支度をしようとするものの、友だちの様子が気になり進まないことがある。○順番を守らずトラブルになることがある。	○衣類のたたみ方を伝えながら子どもと一緒に片付ける。○保育教諭が仲立ちとなり遊具を順番に使えるようにする。
	情緒	○保育教諭が仲立ちとなって自分の思いを友だちに伝えたり、友だちの思いを知らせていく。○異年齢児と一緒にゆったりと散歩を楽しめるようにする。	○子どもたち全体を把握できるように保育教諭の立ち位置を工夫する。○3歳児以上のクラスの子と手をつないでもらうなどの工夫をする。	○秋の自然に触れながら戸外あそびを楽しむ。○異年齢児の子と手をつないで散歩を楽しむ姿が見られる。	○子どもがどこで誰とどのようにあそんでいるかなど、興味や関心を記録する。○事前に、3歳児以上のクラスの子どもたちに、ゆっくりしたペースで歩くように伝えておく。
教育	健康	○朝夕の気温差に応じて衣服を調整し、日中はできるだけ薄着で過ごす。○友だちや保育教諭と、簡単なルールのあるあそびを楽しむ。	○あそびを十分に楽しめるよう、広い空間を確保する。	○難しいところは手伝ってもらいながら、衣服の着脱や始末を、最後まで自分でしようとする。○好きなあそびを見つけて友だちや保育教諭と楽しむ。	○難しいところはさりげなく手伝ったり、見守ったりしながら子どもと一緒に着脱を行う。○十分に体を動かしてあそび、満足できることに共感する。
	人間関係	○ごっこあそびなどを通して、少しずつ友だち同士であそべるようになる。○異年齢児との関わりを大切にする。	○友だちとのあそびが広がる環境の工夫をする。○異年齢児と一緒にあそび、まねをしたり刺激を受けたりする環境を工夫する。	○ままごとや砂場あそびを通して、2～3人の友だちと関わりを持ちながらあそびを楽しむ。○異年齢児のあそびを貴重してようとする。	○友だちとのあそびが広がるような工夫をし、子ども同士の関わりを見守りながら、関わりを育てていく。
	環境	○落ち葉の色の美しさや形のおもしろさに、興味を持つ。	○いろいろな形や色の自然物を準備し、秋の自然に触れられるようにする。	○園庭の自然物に触れて楽しむ。○散歩に行って見つけたものを、友だちや保育教諭と共有する。	○安全にあそべるよう範囲を決め、状況に合わせて活動範囲を広げていく。
	言葉	○保育教諭や友だちといっしょにごっこあそびをする中で、言葉の表現が豊かになる。	○十分にあそべるスペースを確保し、子ども同士の関わりを大切にしていく。	○ごっこあそびの中で言葉のやり取りを楽しむ。	○言葉で伝えたい気持ちを汲み取り、保育教諭が代弁しながらあそびを広げていく。
	表現	○自分のしたいことをあそびの中で、自分なりのイメージを言葉や体で表現する。	○自分のしたいあそびを選んであそびを楽しんでいく。	○友だちとの会話を楽しむ。○自分のしたいあそびを見つけて楽しむ。	○個々の表現を大切にしながらやりとりを楽しむ。
食育		○ままごとあそびを楽しむ中で、着せスプーンに慣れる。	○ままごとあそびの着やスプーンを十分に用意する。	○ままごとあそびで着やスプーンを使ってあそぶ様子を見て、自分も使おうとする。	○ままごとあそびで着やスプーンを使う経験を重ねるようにする。
健康・安全		○散歩は少しずつ距離を延ばし体力をつける。	○いろいろな散歩のコース（お散歩マップ）をあらかじめ作成しておく。	○「疲れた」「もう歩けない」などと言って座り込む子もいる。	○散歩コースを下見して、危険な場所を把握しておく。

気になる子への対応
Dくん…環境の変化に不安を感じやすいので、保育教諭が側につき安心できるよう声を掛けていく。
Cさん…見通しを持って行動することが苦手なので、次の活動に移る前にその都度声を掛けていく。

自己評価
○衣服の着脱に不安があり、いらだってしまう子もいた。声を掛けて関わり方を少しずつ工夫すべきだった。
○散歩では事前に下見をして見守ったことで、十分に秋の自然に触れることができた。

子どもの評価
○異年齢児や友だちと一緒に過ごすことが増えてきたが、思いがうまく伝えられるようにしていきたい。
○簡単なルールのあるあそびをするが、まだルールが理解できていない子もいる。あそびの中でシンプルなルールを知らせていきたい。

12月 月間指導計画案

20XX年度　2歳児　○○○ぐみ

園長	主任	担当

行事
- ○消火避難通報訓練
- ○クリスマスツリーへの飾りつけ
- ○クリスマス会
- ○地域とのクリスマス会
- ○門松作り
- ○誕生会

これまでの子どもの姿
- ○身の回りのこと（衣服の着脱・排泄など）を徐々に自分でしようとする。
- ○友だちとの関わりも増え、「○○ちゃん」と呼んだり「○○しよう」など、気の合う友だちと誘い合ってあそぶが、物や場所の取り合いなどでけんかになるときも見られる。
- ○戸外であそぶときに体が温まると衣服の調整を、保育教諭に手伝ってもらいながら衣服の調整をしようとする。

月のねらい
- ○保育教諭に見守られながら、身の回りのことを自分でしようとする。
- ○冬の身近な自然に触れ、戸外あそびを楽しむ。
- ○行事や生活を通して、友だちとあそぶ楽しさを味わう。

保護者支援
- ○風邪などの感染症が流行しやすい時期なので、インフルエンザなどの情報を伝えたり、子どもの体調の変化を伝え合い、早期発見・治療に協力をしてもらう。
- ○生活習慣の自立にあたり、着脱のしやすい服装、厚着にならないようにご協力してもらう。
- ○自分がどういう気持ちか強くなる為、園での様子をドキュメンテーションソ等で知らせ、励まし合いや見守ることの大切さを共通理解していく。

	ねらい	環境・構成	予想される子どもの活動	配慮事項
養護 生命	○気温の変化に合わせて衣服の調節やあそびを行い、感染症予防に努める。	○施設内の温度・湿度に配慮するとともに、試走掃除や換気・空気清浄機の設置等を行う。○一人ひとりの健康状態を把握し、生活リズムを整え、無理なく過ごせるようにする。	○登園すると、保育教諭に検温や視診をしてもらう。○上手にできている友だちを見て、自分もはじめて手洗いをしっかり頑張る。	○一人ひとりの体調・機嫌・体温などをチェックし、いつもと違うときにはチェック表をもとに状態の記録をとり、適切に対応できるようにする。
情緒	○子どもの気持ちに寄り添い、思いを保育教諭が言葉にすることで情緒の安定を図る。	○一人ひとりの思いを表現できる場をつくる。	○自分がする「いや」など、自分の思いを言葉で伝えようとする。	○子どもの様子を見守り、子どもの心の動きを感じ取れるようにする。
教育 健康	○自分で防寒具の着脱をしようとする。○寒くなり、体調を崩さないよう手洗いやうがいを行う。	○防寒着は手を通すなど身支度のやり方を知らせ、手洗いの大切さを、絵本やペープサートで現場で伝える。	○戸外に出るときに、防寒具を着るなど身支度をする。○水が冷たくなるので、手を丁寧に洗うように流しの心地よさを楽しむ。	○自分でしようとする姿を見守りながら、さりげなく援助をして自分でできたという満足感を得られるようにする。○保育教諭が一緒に手を添えて洗ったり、手洗いの歌に合わせて洗うようにする。
人間関係	○友だちとの関わりの中で、自分の気持ちを伝えたり相手の気持ちに気づく。○友だちと一緒にあそぶ楽しさを味わう。	○子ども同士が関わってあそべる環境づくりをする。○友だちと十分にあそべるよう、必要な場所や時間を確保する。	○自分の思いを通そうとしてトラブルになることがあるが、保育教諭の仲立ちをつうてあそぶことを楽しいことを知る。	○友だちとの関わりの中で、互いの思いの違うところでは、保育教諭が仲立ちをして、お互いの気持ちを受け止めやすず。○保育教諭も一緒に楽しんであそびながら、友だちとあそぶ心地よさを伝えていく。
環境	○冬の行事に触れ、冬ならではのあそびに気づく。○季節の行事に触れ、クリスマスや年末の雰囲気を感じる。	○クリスマスの様子を見たり、作った作品を並べるなどして色の違いに気づいてあそべる環境を変える。○子どもがあそびやすい場所で、様々な素材を準備しておく。	○シンボルツリーの飾りやあそびやイルミネーションを見る。○クリスマス会に参加する。○門松の飾りつけを見る。○園庭にある草木を見たり、戸外に出かけて草木を見る。	○イルミネーション、ステンドグラスやクリスマスツリー、門松なども飾りや、色の違いや、名前などに興味関心が持てるよう、図鑑、園外に出かける機会を大切にし、子どもの気づきを受け止める。
言葉	○子どもの好きな劇あそびやごっこあそびを通して、くり返しのある言葉のやりとりを楽しむ。	○絵本の内容やあそびに沿ったコーナーをつくり、保育教諭の仲立ちをもとに、子どものイメージを広げられるコーナーを準備する。	○『三匹のやぎのがらがらどん』の絵本を見て、保育教諭と一緒にお気に入りの言葉を言う。	○子どものつぶやきに耳を傾け、思ったことに、感じたことに共感できるようにする。
表現	○経験した事を自分なりに表現あそびでこころをそびを楽しむ。○保育教諭や大きいクラスの子どものまねをしながら、歌ったり踊ったりする。	○ごっこあそびで十分に表現できるように、子どもの興味があることや経験したことなどを取り入れてコーナーを準備する。○子どもが興味を持っている曲や、この季節に聞かせたい音楽を準備し、いつでも流せるようにしておく。	○まねごとやごっこあそびを通して、2～3人の友だちと関わりをもってあそぶ。○クリスマスの曲に合わせて、保育教諭や友だちと一緒に歌ったり踊ったりする。	○自分で表現してみるようにという気持ちを大切にし、認めながら表現欲を引き出し、自信につなげていく。
食育	○正しい食事の姿勢や、食器に手を添えてよく食べるなどのマナーに気づく。○クリスマスなどの行事食を聞き、楽しい雰囲気の中で食べる。	○ブッフェ形式にする中で、ランチョンマットを敷いたり、季節感のある楽しいランチができる雰囲気づくりをする。	○異年齢児と一緒に食事をする。年長児が食べている姿を見て、まねしながら食べる。	○一人ひとりにあった量を盛りつけ、食べられたら「おいしかったね」と食べる楽しさを味わえるようにする。
健康・安全	○非常ベルを聞き、保育教諭の所に集まる。○保育教諭の話を聞き、一緒に触れ合う中で、少しずつルールを守ってあそぼうとする。	○日頃から整理整頓をし、安全に避難できるようにする。○一人ひとりの発達に応じた遊具や環境を整える。	○非常ベルの音を聞き、保育教諭の側に集まる。○火事のときにはどうしたらよいのか、保育教諭と一緒に話を聞く。	○ベルが鳴って保育教諭の所まで来られたら、「大丈夫」「早く集まれたね」と声を掛け、認め、緊急時にも素早く対応できるようにする。

気になる子への対応

Bさん…ひとりでしていることが多い。子どもの様子を見ながら保育教諭が仲立ちになり一緒にあそぶ楽しさを体験していく。またクリスマス会を通して友だちと一緒にできる表現あそびを多く取り入れる。

子どもの評価
- ○身近な曲に合わせて自由に踊ることなどで、子どもに手を添えて行うこと、うがいの習慣について…うがいを言葉で伝えると、子どもたちは友だちとしている友だちを見て、私もしよう「やってみよう」という気持ちにつながり、自分がいついてできるようになると「先生見て」「できたよ」と嬉しそうに保育教諭に言う。
- ○クリスマスに興味関心を持ち、様々な表現方法であそびを楽しむ、保育教諭の仲立ちより、クリスマスの曲に合わせて友だちと関わりを持ちながら、2～3人の友だちと関わりをもってあそぶ。

自己評価
- ○保育教諭自ら手洗い・うがいをすることなどで手本になったりしていくことで、うがいの習慣について、うがいについて、冷たい水でも手を洗うことを嫌がっていたが、少しずつ身についてきた。子どもたちは、クリスマス会の機会に地域の、異年齢児との関わりの中で他児と関わることで、トラブルもあるが、保育教諭の仲立ちでお互いの気持ちを伝えると、相手の気持ちに気づく。今後も友だちとの関わりにつながるあそびを計画していきたい。

月間指導計画案

20XX年度　2歳児　○○○ぐみ

担当		
主任		
園長		

行事　○新年のつどい　○誕生会　○避難訓練

区分	ねらい	環境・構成	予想される子どもの活動	配慮事項

1月

これまでの子どもの姿
○経験したことを友だちや保育教諭に伝え、やりとりを楽しむ。
○身の回りのことにどんどん興味が出てきて、ひとりで取り組もうとする。

月のねらい
○生活リズムを整え、健康に過ごす。
○冬の自然現象に興味や関心を持ち、見たり触れたりしてあそぶ。

保護者支援
○休み明けは家庭との連絡を密にし、生活の乱れを無理なく戻せるようにする。
○感染症について知らせ、子どもの体調管理を共有していく。

養護

生命
- ○手洗い・うがいが進んでできるようにする。
- ○保育教諭のしていることに興味を示し、手伝おうとする。
- ○換気をこまめに行い、快適に過ごせるようにする。
- ○子どもが簡単にできるような手伝いを一緒にする。
- ○水がつめたいので、手洗いやうがいがおろそかになる。
- ○やりたい手伝いが重なったりして、子ども同士のトラブルの種になる。
- ○側について見守り、状況に応じて声を掛ける。

情緒
- ○休み明けの不安を受けとめ、安心して過ごせるとともに、生活リズムも整えていく。
- ○ゆったりとした雰囲気の中で保育ができるよう、人的、物的環境を整える。
- ○自分の不安な気持ちを言葉で伝えようとする。
- ○優しく声をかけながら様々な気持ちを受け止め、自分のペースで行動できるように見守る。

教育

健康
- ○寒くても、戸外で体を動かしてあそぶ。
- ○防寒着の大きさや、ズボンの裾の長さに注意して、事故を防ぐ。
- ○体を十分に動かせるあそびを考えておく。
- ○時間をかけてズボンを、ひとりではあおうとする。
- ○寒いが、戸外に出ると体を動かすことがある。
- ○安全にあそべるように、園庭の整備を行う。
- ○保育教諭が率先して、楽しんでも体を動かしてあそぶ姿を示す。

人間関係
- ○友だち同士での活動が増えて、いろいろな友だちとあそぶことをあそぶ。
- ○いろいろなグループあそびを取り入れ、異なる友だちと行動する機会を多くする。
- ○簡単な伝承あそびがここであそび、自然に隣の友だちと仲良くなる。
- ○うまくコミュニケーションがとれていないときは、保育教諭が間に入り、場を盛り上げるようにする。

環境
- ○冬ならではの現象に気づいたり、発見したことに驚いたり、知ろうとする。
- ○冬の自然に触れ、雪や氷あそびを楽しむ。
- ○子どもの発見に共感し、成り立ちなどをそれぞれをなどに簡単に説明するなど、興味を深められるように関わる。
- ○寒さ対策をして戸外に出るようにする。
- ○興味のあるある時間のある限り、見たり、触ったり、するが、興味のない子は違うあそびをしようとする。
- ○感触を言葉で伝え合い、積極的に触れようとする。
- ○一人ひとりの気持ちに寄り添い、無理強いしないようにする。
- ○寒い日には、戸外に出る時間を考えて無理なくあそべるようにする。

言葉
- ○不思議に感じたことや思ったことなどを楽しく伝え合う。
- ○好きな絵本やお気に入るあそびを通して、何を感じたのか言葉で表現できるようにあそび、伝え合う楽しさを感じられるようにする。
- ○「あのね……」と同じ言葉を使いながらも、一生懸命伝えようとする。
- ○くり返しの話しの言葉を見てもわかるように傾けるようにする。

表現
- ○簡単な伝承あそびを、保育教諭や友だちと楽しむ。
- ○遊戯会に参加し、友だちと一緒に踊ったり歌ったりすることを楽しむ。
- ○ルールにこだわらず、みんなが楽しめるようにする。
- ○遊戯会の会場を飾り付け、楽しい雰囲気を出せるようにする。
- ○ルールがわからず、かんしゃくを起こしたりするが、興味はあるので、もう一回チャレンジしようとする。
- ○恥ずかしがりながらも、一生懸命に歌ったり踊ったりする。
- ○みんなの理解度に合わせて、ルールを増やしていく。
- ○表現しようとする意欲を受け止め、子どもなりの表現を楽しむことができるようにする。

食育
- ○冬の食材（ホウレンソウ、大根など）に触れる。
- ○箸の使い方を知る。
- ○食べ物の持つ、色や形に興味を持たせるようにしていく。
- ○メニューや食材に合わせて使い分けられるよう、箸やスプーンを用意する。
- ○覚えた色や形が、ほかの食材を見てもわかるようになる。
- ○箸を使ってみようとする。
- ○友だちの会話を楽しみながら、食事をとれるようにする。
- ○保育教諭が手本となり、正しい持ち方を知らせ食事をする。

健康・安全
- ○鼻水が出たら、ひとりでふこうとする。
- ○咳をするときはティッシュなどで覆うことを意識する。
- ○子どもの手の届く所にティッシュを置き、使ったらゴミ箱に捨てるように促す。
- ○鼻水が出ていないのに、何回もふこうとすることがある。
- ○全身の状態をしっかり把握し、健康を保つ。

気になる子への対応
Cさん…友だちとトラブルがあると、保育教諭の話も受け止れない。気持ちが落ち着いてから話を進めるようにする。

子どもの評価
○休み明けに入ってもなかなか寝つけない、結果、寝起きが悪い状態だった。友だち関係ではグループごとの活動中心になってしまい、輪を広げるまではいかないかなった。雪には関わるが風が高く、空を見上げて降雪の様子をうかがうことたちも楽しんでいた。

自己評価
○自分で鼻水が出ていることがわかり鼻をかむことをだんだん進んで行っていた。身の回りを清潔にする必要性を今後も知らせていきたいと思う。○水の冷たさやらうらに興味を示し、触れる中やこで不思議に思ったことを保育教諭に伝え、言葉で伝えてもらうことで更なる好奇心が出てきていたように思う。

2月　月間指導計画案

20XX年度　2歳児　○○○ぐみ

園長　主任　担当

| これまでの子どもの姿 | ○身の回りのことを自分でしようとする。
○保育教諭や友だちとごっこあそびなどをして楽しんだり、異年齢児と関わって遊んだりする。 | | 行事 | ○節分　○交通安全教室
○誕生会　○避難訓練 | 保護者支援 | ○感染症の流行しやすい時期なので、子どもの健康状態を伝えながら、手洗いの仕方や感染症の発生状況をおたよりや掲示などで知らせていく。
○進級に向けて準備する物のや取り組んでいる様子を伝える。 |
| 月のねらい | ○寒さに負けず、体を動かしてあそぶ。
○身の回りのことを進んで行い、一人でできる喜びを感じる。 | | | | | |

		ねらい	環境・構成	予想される子どもの活動	配慮事項
養護	生命	○一人ひとりの健康状態を把握し、衣服の調節や手洗いなどを自分で行い、健康に過ごせるようにする。 ○身の回りのことを自分でしようとする姿を認めながら、自信を持って過ごせるようにする。	○室内の温度や湿度の調節、換気を行うなど室内環境を整える。 ○自分でしようとする姿を認め、見守るようにする。	○保育教諭に促されて衣服の調節をする。 ○手洗いうがいをして自分で鼻水をかんだりする。 ○自分で服を脱いだりできたんだりする。	○衣服の調節や手洗い、うがいなど、促したり一緒にしたりしながら、健康に過ごせるようにする。 ○必要な手洗は援助をしたり、できたことを十分にほめたりしながら、自分でできたことへの喜びが得られるようにする。
	情緒	○保育教諭に見守られながら、安心して自分の気持ちを伝えることができるようにする。	○子どもの気持ちを受け止め、安心して言葉で伝えられるようにする。	○玩具の取り合いなどでトラブルになる。 ○保育教諭に言葉で伝えようとする。	○伝えようとすることに共感したり、相手の気持ちを伝えたりしながら、玩具の貸し借りなどを行う。
教育	健康	○寒さに負けず、体を動かしてあそぶことを楽しむ。 ○朝の身支度を進んで行い、一人でできた喜びを感じる。	○戸外に出ておにごっこやボールあそびを楽しめるようにする。 ○鞄の中身の出し入れなどを行いやすい環境を整えておく。	○寒かって戸外に出たがらない子どもがいる。 ○保育教諭と一緒に元気よく体を動かしてあそぶ。 ○自分のペースで身支度を行い、達成感を味わう。	○体が温まるよう、体を一緒に動かしたりあそびに誘ったりしながら、戸外であそぶことを楽しめるようにする。 ○自分の名前がついているものがわかり、身支度ができるよう援助していく。
	人間関係	○ごっこあそびや友だちと一緒に、簡単なルールのあるあそびを楽しむ。 ○異年齢児に関わってあそぶことを楽しむ。	○みんなが理解できるよう、簡単なルールのあそびを用意しておく。 ○異年齢児と過ごす機会を持つ。	○保育教諭と一緒にあそぶうちにルールがわかり、喜んであそぶ。 ○異年齢児との関わりの方がわかるから、喜ぶ子どももいる。	○一緒にあそぶ中でルールを知らせていき、ルールのあることの楽しさを伝えていく。 ○保育教諭が仲立ちをしながら、異年齢児との関わりを促していく。
	環境	○身近な冬の自然に興味を持ち、触れてあそぶことを楽しむ。 ○節分の行事に喜んで参加する。	○戸外あそびを通して、冬の自然に触れる機会を持つ。 ○鬼のお面など、節分の行事に関するものや絵本を用意する。	○雪・霜・氷などに興味を示し、見たり触ったりする。 ○自分が作った鬼のお面を、嬉しそうに友だちと見せ合う。	○子どもの驚きや発見、感動する姿を大切にし、共感する。 ○前もって絵本をみたり、鬼のお面を飾ったりしながら、興味を持って参加できるようにする。
	言葉	○ごっこあそびの中で、日常の経験を取り入れながら、言葉あそびを楽しむ。	○物を使用してあそびにこだわらず、手伝いっこをこどもと楽しめて言葉あそびを楽しむ。	○意味を理解せず、大人をまねして言葉を使うことを予測し、適切な言葉のやり取りを楽しむ。	○まねてあそびから習得した言葉が増え、しっかりと自己を表現する言葉が増える。くり返しておそびの中に取り入れる。
	表現	○はさみやのりなどを使って作ることを楽しむ。 ○楽器を鳴らしたり体を動かしたり自由に表現してあそぶことを楽しむ。	○あそぶ前に、道具の使い方について知らせる機会を持つ。 ○楽器の数を多めに用意しておく。	○上手にはさみなどの道具を使えない子どももいる。 ○音楽に合わせて楽器を鳴らしたり、踊ったりする。	○できないところは知らせたり援助したり、できたところは十分にほめ、満足感が味わえるようにする。 ○自分から表現しようとする姿を見守りながら、保育教諭も一緒に体を動かすなど、楽しんであそべるようにする。
食育		○食事のマナーを知り、保育教諭や友だちと一緒に食べることを楽しむ。	○皿に手を添えることや箸の持ち方など、みんなで食事のマナーについて確認する機会を持つ。	○保育教諭に箸の持ち方を確認しながら、みんなで食事のマナーについて確認する。	○手を添えながら、箸の持ち方や使い方を知らせていく。また、皿に手を添えている子どもの姿をほめるなどし、他の子どもも気づくようにする。
健康・安全		○保育教諭と一緒に手洗いうがいをしながら、習慣づくことを高める。	○手洗いうがいなどに関する絵本を一緒に見ながら、興味関心を高める。	○保育教諭の末をみをしながら、自分で手洗いうがいをする、興味関心を示す。	○保育教諭と一緒に手洗いうがいをしていく。

気になる子への対応	Bさん…身の回りのことについて、周りの子どもの姿を見てもなかなかしようとしないことが多い。促したり一緒にしたり、できたことを見守りながら、ほめることで意欲につなげていく。

自己評価	○身の回りのことを自分でしようとする姿を見守ったりほめたりしながら、自分でつなげるように心掛けた。また、子どもの体調や天候を見ながら、戸外に出てあそぶ姿を持てるようにあそぶ中で、玩具の取り合いなどでトラブルになることもあった。子どもたちの気持ちを聞いたり言葉を補ったりしながら、引き続き簡単なルールのあるあそびを通して、子どもの理解度に合わせながらルールを考えてあそぶことができた。

子どもの評価	○自分で服をたたんだり、着替えを自分からはかりから出したりしたり、進んでやる姿が見られるようになってきた。戸外を見るあそびに誘われないからあそびにあそびに夢中になり、室内のあそびでは、全員のあそびをては、簡単なルールのあそびでは、簡単なルールを理解してあそぶ姿が見られた。

3月 月間指導計画案

20XX年度 2歳児 ○○○ぐみ

園長	主任	担当

行事
○ひな祭り　○お別れ会　○誕生会　○避難訓練　○修了式

これまでの子どもの姿
○自分の気持ちを表現できるようになってくるが、トラブルが多く見られる。
○運動機能が発達し、着脱や身の回りのことが自分でできるようになっている。

月のねらい
○進級に向け、期待と喜びを持ち、できることは自分でしようとする。
○保育教諭や友だちと言葉のやり取りや自分の思いを言葉で伝えようとする。

保護者支援
○この1年間の子どもの発達の様子を知らせ、成長を喜び、不安なく進級へ向ける。
○進級の準備や今回のことについてのお知らせをする。
○一年間の製作を持ち帰り、できるようになったことを共に喜べるようにする。

	ねらい	環境・構成	予想される子どもの活動	配慮事項
養護 生命	○身の回りのことが自分でできるようになり、スムーズに次の行動がとれるようにする。	○異年齢の友だちと交流することで、進級への期待、喜びにつながる言葉掛け・あそびの工夫をする。	○行動範囲が広がり、自ら進んで身の回りのことをしようとする。また、簡単な手伝いができるようになる。○人の世話をしてトラブルになることもある。	○月齢の個人差が目立つ時期なので、できる子、進まない子への手助け・言葉掛けには注意し、ひとつのことをなしとげられるようにする。
養護 情緒	○進級に向けての無理のない準備(部屋、排泄、食事)に心掛け、くり返し練習させて不安感を持たせないようにする。	○それぞれの使う部屋の違いを知らせ、くり返し覚えさせる。	○大勢の中で食事をすることの楽しさや、合同でひとつのあそびをすることを知る。○不安を覚えたときは、いつものように保育教諭に甘える。	○ひとりで不自由なく排泄ができたり、食事ができるか、見守る(手を貸しすぎない)。
教育 健康	○連続した運動あそびを通して、友だちと一緒に取り組む仲間意識を確認する。○進んでトイレに行き、始末を一人でしてみる。	○縄を使った簡単な集団あそびを取り入れ、協調性を高める。○スムーズにトイレに行けるよう、スリッパの位置やトイレットペーパーの配置など環境を整えておく。	○友だちと一緒に体を動かすことの楽しさを覚え、仲間を意識して取り組む。○自分でトイレに行うことで、自信になってくる。	○子どもの思いを十分理解し一緒に楽しむ。○トイレに行きたいと伝えられたことをほめ、喜びや自信を持って生活できるようにする。
教育 人間関係	○自分の意思を相手に伝えることで、共通のあそびを楽しむ。○年少児クラスであそぶ経験を通して、進級に期待を持つ。	○あそびの中でのルールを知らせ、気持ちが通い合うあそびにしていく。○事前に年少クラスで話し合い、クラスの玩具、机などを使えるようにしておく。	○互いに自分の意思を通そうとし、トラブルになる。○意思の弱い子は強い子に引きずられ、優柔不断になりがちになる。○お気に入りの場所や玩具で遊び、少しずつ机に向かいすわって遊ぶことの大きさになってくる喜びを感じる。	○他人と一緒のあそびを楽しいものにするために、ルールをわかりやすく伝え、気持ちを通わせる。○進級することに興味や期待を持てるようにする。
教育 環境	○散歩や園庭での戸外活動を通して、冬から春への季節の移り変わりを感じる。	○日差しの暖かさを感じながら、雪解けの様子や風の冷たさを体験させる。	○雪解けのぬかるみなどに道を歩く感触を多く体で感じる。	○足でとられ転ぶことを前提にし、声を掛けながら十分に楽しませる。○樹木や花の芽吹く姿を見たり、日差しや虫の様子などについて言葉を掛けていく。
教育 言葉	○絵本を見たり、ごっこあそびをする中で、保育教諭や友だちと言葉のやりとりを楽しむ。	○言葉のやりとりを楽しめるような絵本を用意する。	○知っている物に反応し、名前を言ったりする。○ごっこあそびをする中で、役になりきったりして言葉のやり取りを楽しむ。	○子どもの言葉を受け止めながら、一緒に言葉のくり返しや言葉のやり取りを楽しめるようにする。
教育 表現	○まねっこあそびを通して、表現あそびを楽しむ。○春の歌を歌ったり、絵本の読み聞かせを楽しむ。	○保育教諭自ら表現することにより、相手に伝わる動作があることを知らせる。○歌に合ったペープサートなどを用意し、春の生きものに興味が持てるようにする。	○手あそびやリズムあそびで覚えた表現を、友だち同士でまねたりやってみる。○友達と一緒に歌を歌うことを楽しむ。	○表現の豊かさが、自分の心の豊かさにつながり、感性を育てる手だてとする。○保育教諭も大きな声で歌を歌い、楽しさを共有する。
食育	○食事のマナーを知り、箸を使って食事をする。○友だちと楽しく食べることを知る。	○スプーンの持ち方を確実にさせた上で、箸を使う練習に取り組む。	○背を伸ばし、大食いにならないように気をつける。○嫌いな食べ物で落ち込まず、皆と一緒に食べるおいしく食べられることを知る。	○食事のマナーに気を配りながら、徐々に正しい食べ方ができるよう、優しく声を掛ける。
健康・安全	○感染症などにかからないよう、手洗いうがいをする。	○換気、湿度、温度調整に十分注意する。	○マスクをする理由を理解し、体調を整えながら楽しく日々を過ごす。	○感染予防にマスクを着用するなど、声を掛ける。

気になる子への対応
Aくん…保育の中での交流や部屋の積み重ねにより、数分でも集中してあそべるようになってきた。集団で行動するカからもあそべるようになってきた。集団で行動する力を再検討していくことにつなげていく必要がある。
Bさん…進級に向けて、発育差があり、うまくできないこともあるので援助をして、できた喜びを共有し、声掛けや手助けの仕方を再検討したいと思う。

自己評価
○進級に向けて、異年齢児との交流の積み重ねにより、発育や実年齢差とは様々な発育の違いを知り、温かに見守りたい。また、できる子が手伝う場面もあり温かに見守りたい。

子どもの評価
○自分が思っていることや、して欲しいことを言葉で伝えることが多くなり、トラブルも減ってきた。

あそびの力

自然の中で生きる多くの動物たちが、かなりの時間を「あそび」に費やしている。動物の成長にとって「あそび」は「生き残り」のための行動といえる。

ライオンやイヌはじゃれ合いながら、狩猟や戦いのスキルを身につけていく。シマウマやシカは追いかけっこをしながら、肉食動物から逃げるすべを学ぶ。人間の子どもはあそびを通じて協力や信頼を学んでいく。

ヒトのあそびは「おもしろそう」「楽しそう」という好奇心から生まれ、「やってみたい」という思いから始まる。どんな形のあそびであれ、場所や状況に応じてあそび方を変化させることで、楽しめる要素が新たに現れる。やがてあそび方はひとつではないことに気づき、必要とされる能力・状況を判断する力などが身についていく。自分の限界に挑戦したいという要素を、知的にも体力的にも含んでいるので、「リスク」を伴うのは必然になってくる。ところが子どもは、ありとあらゆる感覚を研ぎすまし働かせ、体力はもちろん知恵を絞ることとともに自己防衛力・判断力を成長させ、リスクを伴うような場面にも、それに対応できるすべを身につける。

あそびの体験は社会性の発達を促し、自分と他人との関わりを認識する基になっていく。あそびは、子どもにとって自分と他人を生かし、人として成長し、発達していく力の根源といえる。

2～3歳ぐらいの幼児は自分の持っているファンタジーの世界にあそぶことがあり、自分でその世界を育てる時期でもある。自分がしたいことのできる世界で、想像力と創造力を育て、新しいことにチャレンジし、試行錯誤をマイペースでくり返すことで、自分に向いたことを見つける絶好の機会となる。

子どもは生きていくために必要なさまざまな力、好奇心・冒険心・挑戦・気力・創意工夫・協調性・思いやり・コミュニケーション能力・忍耐・判断・勇気・危険回避能力などをあそびによって身につけ、成長する。成長に合わせて音や色を認識するあそびから、ファンタジーの世界、危なげな飛び降りなど、すべて大人への階段といえる。

東口 房正（こども園ふじがお幼稚園）

33

生活の自立支援と環境設定

食　事

食事は、子どもが生涯にわたり健康で生き生きとした生活をおくるために、大変重要です。家庭での食事の状況も様々になっています。園では、こうした家庭の状況を理解し、子どもの健全な成長を保障しなければなりません。大人の手を借りたがらず、少しずつ自立心が芽生える2歳児の、食事の自立支援のポイントを紹介します。

point **1**

食べたいと思う気持ちを大切に!

子どもの「おなかがすいた、食べたい」という気持ちにとって、適度な運動で空腹を感じることや一緒に食べたいと思う友だちや大人の存在は、とても重要です。子どもは人と関わる中で信頼関係を育み、「一緒に食べたい」という気持ちが芽生えてきます。食事を一緒に準備し、みんなで楽しく食べるという集いの習慣を、子どものうちから身につけましょう。ひとりで食べられるようになっても、2歳児は時々こぼすこともあります。こぼしても、「自分で」と思う子どもの意欲が損なわれないように、優しく声を掛けながらフォローしましょう。

point **2**

食事の量を把握しよう!

ごちそうさまでした!

2歳児は月齢差も大きいため、一人ひとりの食事の量は異なります。完食し、「食べた!」と保育者に伝える嬉しさ、「すごいね」とほめてもらう喜びが食べる意欲につながるので、個々の食事量を把握し、その子に合った量を用意することが望ましいですね。また、用意された量を完食するだけではなく、食べられる量を自分で知ることも大切です。盛り付けのときに、「もう少し食べたい」「少なくしたい」など、子ども自身が適量を認識して言葉に出せる環境を整えるのもいいでしょう。十分にあそんで空腹感と食欲を感じ、それを満たす心地よさを感じながら、食べられる量が少しずつ増えていくといいですね。

point **3**

偏食・好き嫌いをなくしていこう!

探索活動が盛んになり、何でも「自分で」という2歳児ですが、ときには食べさせてもらいたいこともあります。食欲にもムラがあり、好き嫌いが激しく表れるのもこの年齢の特徴です。健康な食生活のために、好き嫌いなく何でも食べてほしいと望むのは保育者として当然ですが、食べてほしい気持ちばかりが先走り、無理に食べさせては逆効果になります。こんなとき、力を発揮するのが、一緒に食べる友だちの存在です。「おいしいね」などと言葉掛けをしておいしそうに食べる友だちを見ながら、食べてみようという気持ちを湧き立たせましょう。「自分も!」という競争心から、苦手な物に自然に挑戦する心が芽生えてくると思います。

point **4**

正しい使い方を伝えよう!

　2歳児になると模倣が上手になり、スプーンや箸の持ち方を教えると覚え、使うようになります。けれど上手に使うには、やはり手指の筋肉や巧緻性が身についていなければなりません。食器などの使い方を知らせる前に、指先を使ってたくさんあそびましょう。さらに、皿、茶碗、汁椀などの役割や使い方を教え、もう片方の手で持つことや添えることと同時に、伝統的な日本の食習慣を伝えることも大切です。何でも始まりが肝心。食具の使い方を初めて知る時期なので、正しく伝えましょう。

point **5**

マナーを伝えよう!

　食事は、健康面だけではなく、他の人とコミュニケーションをとる上でも重要です。食事時間が子どもにとってリラックスできる場であり、気持ちよく食事する場であるために、守らなければならないルールがあります。食器を正しく持つことは基本ですが、さらに食べ方のルールも加わります。「姿勢は正しく。音を立てずにかむ。口に食べ物を入れたまま話さない……」など。こうしたルールは、子どもに教えるだけではなく、保育者が手本となって正しく示すことが大切です。「まねっこ」が上手な時期なので、周りの大人の振る舞いを正し、子どもに正しいマナーを伝えていきましょう。

point **6**

アレルギーに配慮を!

　アレルギー食品の誤食は命の危機にもつながりかねません。保育者、調理師、保護者がアレルギーについての共通理解を持ち、事故の起こらない体制を整えましょう。また、保護者から「家で食べても大丈夫だったから」と除去食を停止するように言われることもありますが、アレルギーは体調によって左右される場合もあります。保護者の判断をうのみにせず、専門機関や主治医と相談するなどして、慎重に進めましょう。反対に「親が嫌いだから家では与えていない」と言って、医師の診断書がないのに除去食を申し出ることもあります。子どもの健康を考えながら、食事のバランスの大切さを保護者に伝え、様々な味覚を味わえるような環境を整えていきましょう。

たまごアレルギーです

わかりました

生活の自立支援と環境設定

排　泄

排泄の自立には個人差があります。教え方に迷い、3歳頃までオムツをしている例もたくさんあります。その子の体や脳の機能が発達すると、排尿・排便ができるようになっていきます。排泄だけを見て、なかなかうまくできない！　と悩むのはやめましょう。たくさんあそんで体を動かしたり見たり考えたりなどで脳が働き、排泄できるようになります。子どもにとって、あそぶことは大切なこと。子どもは総合的に発達していくのです。

point 1

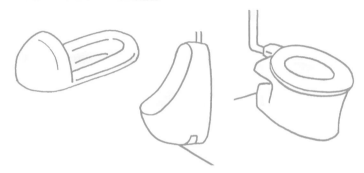

トイレってなーに?

　2歳の子どもにとって園のトイレは、まだ身近ではない場所です。「座って何してるの？」と、疑問を持つことから始まります。眺めては戻り、をくり返し、人の姿を見て、排泄する場所であることを知ります。排泄が目的でなくても、スムーズな排泄につなげるために、ときどき一緒にトイレへ行ってみましょう。

point 2

トイレトレーニング

　子どもの脳の発達とともに、膀胱に尿意を感じて「おしっこがしたい！」と思うようになります。それを大人に伝え、トイレで排泄ができることが自立です。

まねっこで**トイレに行く。**
（生活リズムで排泄の時間が決まってくるので、そのタイミングで行く）

オムツが汚れていなければ、便器に座ってみる。

便器に座ったら、「シーシー」と何度か声に出す。

少しでも出たときはほめる。

point **3**

他の子と比較しない!

そのうち
取れるから
大丈夫よ〜

他の子との比較は、絶対にやめましょう。特に「○○ちゃんは小さいのに、もうトイレでおしっこできるんだって」などはいけません。たとえ体が発達していても、心が未発達だと、順調な排泄の自立は難しくなります。子どもの気持ちを大切にしながらのトレーニングが必要です。

point **4**

失敗してもいいよ

順調にトイレでおしっこができるようになったら、オムツをパンツに切り替えます。でも、切り替えたとたんに床に「ジャーッ!」ということがよくあります。汚してしまったことに腹を立て、叱ってしまうケースをよく聞きます。汚れた物はきれいにできますが、叱られた子どもの気持ちがふさがってしまったら、排泄の自立はなかなか進みません。子どもの心はデリケート。忘れないでくださいね。

平気、平気
お着替え
しょうね〜

point **5**

おねしょだって!

大人が思わず叱りたくなる問題です。「お布団は乾かすのが大変、どうするの!」 叱られた子は大泣き。ポイント４のケースと同じく、「出ちゃったね」「汚れちゃったね」「冷たかったね」と、その事実を優しくしっかり話してください。また、後始末が楽なように、おねしょパッドを使用するのもよいでしょう。脳が眠っているのに、無理に起こしてトイレに連れていく必要はありません。愛情たっぷりに、いつも子どもの心が満たされているようなトイレトレーニングをしましょう。

ぬれちゃったね
お着替えしようね

干せば
かわくよ〜

point **6**

大人の都合はやめて!

すご〜い!
できたね〜

排泄の自立には、時間がかかります。あせらず、ゆっくり取り組みましょう。
「お出掛けするからオムツね」とか、「１回ぐらいの量ではもったいないから、まだ替えなくていいね」とか、「おねしょは困るから夜はオムツね」とか……。せっかく順調にできていたのに、親の身勝手な理由や便利さで、オムツに戻すのは絶対にやめるよう、保護者に伝えましょう。親子で一緒に取り組み、できたときにはほめることがスムーズな自立につながります。

午　睡

子どもにとって、ゆっくり体や脳を休ませる睡眠は、健康に成長していくためにとても大切です。睡眠をきちんととることは生活に必要な各種のホルモンが分泌され、生活習慣が整えられ、脳が活性化されることにもつながります。園での午睡は、午前中の活動で疲れた体を休め、乳幼児が成長に必要とする睡眠時間をおぎない、午後からの活動エネルギーを蓄えるという役割があります。子どもたちが安心して睡眠をとれる自立支援のポイントとは、何でしょう？

point 1

眠りにつける環境を整える

子どもたちが落ち着いた気持ちで眠れるように、布団に入る前に絵本や紙芝居を読んで、だんだんと体を静かに休めていきましょう。また、まぶしくないように、カーテンを閉めるなど採光の調整をすることも大事です。リラックスできるように、オルゴールやクラシックなどの優しい曲調のBGMを流して雰囲気をつくり、心地よく眠れるようにしましょう。

point 2

一人ひとりに寄り添う

なかなか眠りにつけなかったり、ひとりで眠れない子どももいます。「一緒に寝ようね〜」と保育者が側についてあげると、安心感を得て、落ち着いて眠れます。また、添い寝をしたり、優しく背中をトントンしたり、さすったりなどのスキンシップをとることも大切です。

point 3

観察する

２歳児クラスは、０歳児や1歳児に比べるとＳＩＤＳ（乳幼児突然死症候群）の発症率は減りますが、油断は禁物です。子どもたちの様子を常に観察しましょう。掛け布団が顔に掛かっていないか？　うつぶせに寝て、顔が布団に埋まっていないか？　呼吸は安定しているか？咳は出ていないか？など、子どもたちが安全に体を休められているか見守り、観察することが大切です。

point 4

一人ひとりに応じた睡眠時間

子ども一人ひとりの生活環境が異なるように、睡眠時間も異なります。各家庭のライフスタイルも様々で、夜型家庭の場合は、就寝時間は遅く朝もゆっくり……となると園でなかなか眠れません。また逆に朝型家庭の場合は、朝が早いので早い時間に眠くなったり……と様々です。中には、午睡をしなくても大丈夫な子もいます。子どもたちの生活環境を把握して、それぞれに応じた睡眠時間に配慮することも必要です。

午睡

point 5

起きましょう！

気持ちよく目覚める

睡眠の長さは一人ひとり異なりますが、だいたい1〜1時間半を目安に起こしましょう。眠り過ぎると夜の睡眠に影響し、生活リズムが整いません。起こすときは、まずカーテンを開けて明るくしましょう。部屋の換気を行い、気持ちのよい風を入れるのもいいですね。さわやかなＢＧＭを流し、優しい声で起こしてあげましょう。気持ちよく目覚めて、午後からの活動へすっきりと心身を切り替えていけるように、配慮することが大切です。

着 脱

「自分でやりたい」気持ちが高まる2歳頃は、「着脱」に取り組むよい時期です。やりたい半面、やってみると思うようにいかず苛立ったり、もどかしい気持ちになることもありますが、そんな体験をくり返しながら着脱が身につき、身辺の自立につながります。着脱は排泄や食事にくらべて生理的欲求が低いので、大人からの働きかけが重要です。自ら着脱をしたくなるような環境を工夫し、子どもの心と体の発達に合わせて援助しましょう。

point 1

やりたい気持ちを大切に

2歳になるとなんでも自分でやりたがり、ボタン掛けやスナップどめができなくても着脱に挑戦して、保育者の援助を嫌がることが多くなります。そんなときは子どもの気持ちを尊重して、なるべく手を出さず、援助の仕方を工夫しましょう。着替えやすいように衣服を並べたり、「ここを持つよ」「ここから手を出すよ」などと声を掛けるのもよいですね。やりたい気持ちが強い半面、思うようにいかず苛立つこともありますが、葛藤している姿を受け止め、できる限り見守りましょう。家庭では大人がやったほうが早いので、保護者が手を出したり「早く」とせかしてしまいがちです。気長に待つ心の余裕が大切なことを、保護者に伝えましょう。

point 2

手先を使った
あそびを通して

2歳になると指先に力がつき、細かな操作も上手になります。けれどボタンやスナップ、ファスナーの扱いは難しいので、できるまでには時間がかかります。扱い方がわかり、扱えるようになるには、何度もくり返し行うことが大切です。子どもが意欲的に取り組むために、手先を使ったあそびを取り入れるとよいでしょう。楽しくあそびながら、着脱に必要な動作を身につけます。実際のボタン掛けやスナップどめを行うときには、じっくりと優しく見守り「できたね」「もう少し！」などと声を掛けていきましょう。

point 3

衣服のたたみ方、
片づけ方

着替えの機会が増え、自分でできるようになったら、衣服のたたみ方や片づけへ進みましょう。最初は保育者が手を取って「半分こ、半分こ」「ペッタンコしようね」などと声を掛け、楽しみながら一緒にたたみ方を伝えます。あわてず何度もくり返しましょう。また、衣服の表裏をわかりやすく伝えます。片づける場所を決め、ひとりで最後まで着替えができるような環境を整えることも大切です。

point 4

着脱の必要性

子どもは新陳代謝が激しく体温が高めなので、大人より1枚少ないくらいの服装が適切といわれます。しかし、2歳頃は暑さや寒さに対する体温調整能力は十分に発達していないので、保育者は「暑かったね、上着を1枚脱ごうか？」などと声を掛け、適切な服装に調節しましょう。また、あそびや食事で汚したり、汗でぬれた衣服を着替える気持ちよさを伝えることも必要です。きれいな衣服に着替える意識は、清潔な生活習慣の習得につながります。

point 5

衣服の選び方

子どもがひとりで着替えられるようになるには、脱ぎ着しやすい衣服選びも重要です。上着は、伸縮性があり、首回りや袖にゆとりがある物、胸に柄があって前後がわかりやすい物、ボタンは大きく数の少ない物。ズボンはウエストがゴム入りの上げ下げしやすい物がお勧め。どちらも、体に合ったサイズで柔らかな素材を選ぶことが基本です。また、安全面に配慮し、ひもが引っかかりやすいパーカータイプの上着や、折り返す必要がある丈の長いズボンは避けるよう保護者に伝えましょう。着脱しやすい衣服を選び、自分で着られた経験を積み重ねれば、子どもの意欲がより一層高まります。

point 6

靴の履き方

着脱というと衣類の着替えのイメージがありますが、靴や靴下の脱ぎ、履きも含まれます。靴の履き方は、靴を地面に左右正しく置き、つま先を入れ、かかとを滑り込ませるという順序ですが、少し段差のある所に座って、かかとの上部を引っぱると、よりスムーズに履けます。低年齢児は、引っぱりやすいように、かかとにリングやひもを付けるとよいでしょう。

point 7

見せて伝える

人間は情報の8割以上を目から得るといわれます。言葉だけでは理解できないことも、見せることでやり方や手順を理解できます。例えば、上着を着る順番を写真に撮って見える所に貼っておく、上着の前側にアップリケを付けて後ろ前になることを防ぐ、鏡に姿を映して自分の着替えの状態を確認させるなど、手順を迷わずできる環境をつくりましょう。特に靴の左右は難しく、3歳でも左右反対に履いている子を見かけます。左右を合わせるとひとつになるマークを描くなどして、迷わない工夫をしましょう。一目でわかる環境をつくることが早期の着脱の獲得につながります。

※このような視覚的な援助は、保育の様々な場面に応用できます。

生活の自立支援と環境設定

安　全

2歳児は、歩く、走る、跳ぶなどの基本的な運動機能の発達が確立し、それがさらに伸びていく過程にあります。そして、何にでも興味を持ち、行動範囲も今まで以上に広くなっていきます。また、語彙が増加するとともに強く自己主張する時期でもあり、保育者の話し掛けに耳を貸さず、ときには危険な行為や行動をとる場合も多いことを認識して、安全には十分注意しましょう。

point 1

（園内チェックポイント）

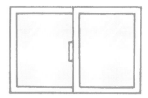

ガラスにひびなど入っていないか？

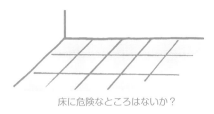

床に危険なところはないか？

いすはグラグラしていないか？

チェックリスト

	5(月)	6(火)	7(水)	8(木)	9(金)	10(土)
ドア・鍵						
窓ガラス						
床・壁						
段差						
すのこ						
机						
いす						
ポット						

安全＝生命の保持

園は、子どもの安全を保障する場でなければなりません。まずは生活する場が安全であるかどうか、点検する必要があります。いつから取れていたかわからないネジ、床板のめくれ、突起物など、大事故につながりかねない小さな要因が隠れているものです。毎日見ていてわかっているはずの部屋でも、点検日を決めたり、チェック表を作成したりして、定期的に点検しましょう。そして危険箇所をみつけたら、すぐ報告するのも大切なこと！安全な環境整備とともに、自分の体を守ること、大切にすることを話していきましょう。

point 2

危険な行為について教えていく

2歳児はすべてにおいて活発で、元気印全開です。ひとりの子が楽しそうに走り始めると、あっという間に次から次へと皆が走り出し、保育者の「あぶないよ〜」の声は歓声でかき消されてしまいます。闘いごっこ（ヒーローごっこ）も好きなあそびです。お互い手加減していた楽しい行為も、やがて本気になると、どちらか、または両方が大泣きしてしまいます。このように2歳児は、「楽しいこと」と「危険なこと」が一緒の場合が多いのです。そこで保育者は、共感しながらも、危険な行為について、根気よく、くり返し教えていかなければなりません。「○○するとケガしちゃうんだよ」と、みんなの前でわかりやすく伝えていけば、それを理解した子は「○○すると危ないんだよね」と保育者に伝えにくるようになります。

部屋では走らない

給食のときはすわる

友だちを押さない

point 3

友だちとあそぶ中で簡単な約束を知る

友だちとあそぶことに興味がわき、あちらこちらで小さなグループができ、楽しそうにあそぶ姿が見られます。日常生活に必要な言葉もわかるようになり、自分のしたいこと、してほしいことを相手に言うけれど、思い通りにいかないとかんしゃくを起こし、ときには持っていた玩具で相手を傷つけてしまったりします。保育者がお互いの気持ちを受け止め、双方の気持ちを代弁するときには、根気よく、他者との関わり方を知らせましょう。あそぶときの約束は、簡単でわかりやすく少なめにして、言葉掛けも個人差があるので、その子に応じた言葉にします。毎日同じことのくり返しになりますが、根気よく伝えましょう。また、遊具の使い方や決まり、あそび方など、丁寧に知らせていきましょう。

point 4

安全な戸外活動

安全な戸外活動をするために、保育者が事前に遊具を点検したり、散歩のルートなどを下調べることが大事です。また、2歳児の発達の特徴を把握した上で、行動を予測し準備を進めると、気持ちにゆとりができて、危険を回避できます。心構えとして
①天気が崩れそうなときは無理に出掛けない
②体調不良児とその原因を把握する
③服装など、身につけている物が安全かチェックする
④散歩のときは、コース・危険箇所の確認の他、簡易な児童名簿・園への連絡体制・救急箱の用意をしておく

などの注意が必要です。他に定期的に遊具の安全点検をしましょう。

安全

point 5

絵本・紙芝居・ビデオ（DVD）などの活用

2歳児は、指示を受けながら少しずつ行動できるようになり、避難訓練などのときには、保育者の呼びかけに反応し従おうとします。不安を感じながらただ漠然と行っていた訓練も、絵本や紙芝居を見ることで防災意識が高まり、その効果は大きくなるのでおおいに活用しましょう。何度も見ると話の内容もわかるようになり、訓練時には「○○するんだよね」と保育者の指示を理解し行動できる子も出てきます。紙芝居などを見せるとき、保育者は子どもの反応に注目し、「○○のときはどうするのかな？」などと問いかけながら、理解の程度を把握しましょう。
複数担任の場合、指示がばらつかないように、担任同士、意思や言葉の統一をしておくことが必要です。保育者はいろいろな場面を想定し、突然起こる災難から子どもたちを守りましょう。

衛　生

子どもたちは、自分でできる部分が増えてきて、何でもひとりでやろうとします。手伝おうとすると、拒否することも多くなりますが、衛生は自分の体を大事にし、生命を守る役割を持ちます。自分でやりたい気持ちを上手に受け止めながら、正しい知識や方法を伝えていきましょう。その際子どもにとってわかりやすい言葉で、やる気を引き出していきたいものです。正しい習慣は、小さい時期から継続して身につけていくのが一番です。

point 1

自分の体に興味を持とう!

体には、不要な物質を自然に排出する機能があります。例えば、鼻水・おしっこ・汗・涙など、身近なものがすべてそうです。子どもたちの中には、抵抗感を持つ子もいますが、排泄物＝汚いではなく、生きていく上で自然なことだという認識を促していきたいですね。「汚れたら、自分できれいにすれば大丈夫？」「きれいってどうすればいいの？」と、子どもたちから「なんで？」「どうして？」と、サインが出てきたらしめたもの。保育者が手本を見せる→子どもたちがやってみる→ちゃんとできているか確認する、このくり返しが大事です。

point 2

子どもをしっかり見よう

2歳児クラスは、まだまだ月齢差が大きく、一人ひとりできることが違います。保育者が一所懸命話しても、その内容が子どもにふさわしくなければ、できなくて当たり前。その当たり前を、子どもの理解力のせいにしていませんか？　子どもがうまくできない一因は、もしかしたら保育者にあるのかもしれません。子どものやりたいこととできることは別です。子どもの発達に合わせた課題を用意することが、大切です。ティッシュを箱から出す、鼻水をかむ……の前に、鼻水を拭くの動作が必要かもしれません。保育者が一緒に歯磨きをするのもよいですね。ひとつずつ取り組んでいきましょう。

衛生

point **3**

取り組みやすい環境を整えよう

子どもたちは、友だちの行動をよく見ています。「先生、○○ちゃんが△△してる〜」と保育者に教えてくれることも多いと思います。友だちがトイレに行っている姿を見て、自分でもやってみようとします。子どもの中には、どの状態が清潔なのかわからない場合も多く、友だちの指摘から学ぶこともあります。だれかをほめる姿を、子どもたちは見ています。切磋琢磨しつつ、お互いに伸びていけるような関係があるといいですね。友だちに触発されて取り組む姿を、ほめることも忘れずに!!

一緒におしっこに行こうか？

シーシーシーシー

point **4**

自分でするからね

汗をかいたら着替える、排泄後は手を洗うなど、清潔を保つことに取り組めるようになったとき、やりたがりの2歳児はどんなに時間がかかっても自分でしたい、と言い出すかもしれません。そんなときこそ、保育者の腕の見せどころです。子どもの姿をよく見て、何につまずき、どうすればできるのか、さりげなく援助していきましょう。一日単位では時間のロスに感じるかもしれませんが、一年単位で見ると自分でできる子どもが増えるので、クラス運営は楽になります。発想の転換で、気長につきあっていきましょう。

point **5**

「もったいない」を生活に…

清潔を保つために、何をしますか？　手洗い・トイレ・着替え（洗濯）・歯磨きなど、水をたくさん使いますね。保育者が清潔を求めるあまり、子どもたちは石鹸の泡はもう取れているのに水を流し続けていたり、勢いよく蛇口をひねったりしていませんか？　使いたいだけ使うのではなく、必要な分だけ使う気持ちを育てましょう。園でも家庭でも、物を大事にする気持ちは日々の生活の中で習得されます。子どもには「このくらい」など目安を伝えるとわかりやすいでしょう。

泡を流すときだけお水を出そうね

道　徳

子どもたちは、一人ひとりが人格を持った存在として生まれ、誰もが自分で生きていこうとする「自己教育力」や「自己成長発達力」を持っています。2歳児の集団生活では、子どもの発達力の差、自己主張、他者への興味が、配慮しなければならない重要なポイントとなります。特にコミュニケーションについて、一人ひとりの心の動きを受け入れながら、保育者はどのような援助をすればよいのでしょうか。

point 1

子どもの話を聞く

集団生活をスムーズに行うには、「人の話を聞く」ことが必要です。そのために、まず「自分の話を聞いてもらった」経験を持つ必要があります。保育者は、子どもの話したい欲求を理解し、根気強く聞きましょう。それを一日中可能にするには、他の業務に支障がないよう、チームワークをよくすることも必要です。また結論がわかっていても、大人が先回りをしてはいけません。意識的に「うなずき」や「あいづち」をして、子どもの話す意欲を高める工夫が大切でしょう。そうした保育者の姿勢が、子どもたちに「いつでも話を聞いてもらえる」という実感を持たせます。

point 2

正しい言葉で

コミュニケーションの大切な要素は、「言葉」の習得です。爆発的な語彙の増加を経て、会話の完成を迎える2歳児にとって、充実した言語環境は、スムーズで質の高い「言葉」の発達につながります。その言語環境のひとつが保育者との会話。保育者は、表情豊かに、かつ明瞭な発音で、正しい言葉を話すように心掛けましょう。また、落ち着いて話を聞ける静かな環境も必要です。子ども同士の会話も、ゆっくり話せるような時間と空間を設定しましょう。言語については発達障害や月齢差など多くの配慮が求められますが、どのレベルでも自発的に話し言葉が向上するように工夫しましょう。

point 3

自己主張と正しい行動が両立できる環境を

まさに「〜したい」と思う方向へ進むのが2歳児の大きな特徴です。友だちの玩具を横取りするなど外部への欲求が表れる一方で、「自分で！」とひとりでやろうとする内面への欲求も見られます。そして、場所へのこだわりを持つ時期を経て、何かを行う順序や筋道を意識する姿が見られます。そこで、最初から最後まで自分でできる活動内容を設定し、子どもが満足できるまで十分に活動できる時間をつくりましょう。友だちに邪魔されない場所の確保などの環境設定も必要です。子どもたちが扱いやすい玩具や道具を用意し、わかりやすい配置や片づけ方を工夫しましょう。

point 4

> 先生が大きいのを
> 片づけるね
> 小さいのを
> 並べられるかな?

手本を示そう

どんな子でも、「いい子になりたい」と願っています。保育者が感じる子どもの問題行動の多くは、発達や心理面を考慮しない物的及び人的環境設定に起因します。保育者の「～しなさい」「～してはだめ」という言葉掛けが飛び交う保育室では、道徳心は生まれないでしょう。子ども同士のぶつかり合いとその仲立ちだけに頼った保育も同様です。

未完成な子どもたちは、「できない」のではなく「やり方がわからない」のです。子どもたちの欲求を最優先して、子どもの意思を尊重し、保育者が体現して見せることが重要です。特に片づけについては、子どもに「見通し」の立たない量の片づけ（ブロックなど）を強要してはなりません。大人が一緒にしたり、色や大きさ別で片づけるなど関心が向くような配慮をして、最後までできたら達成感に共感を示し、ほめましょう。

また自分以外の人の行動には「考え」や「欲求」があることを理解し始める時期には、保育者がそれを言葉で表すことも大切です。例えばごっこあそびやままごとなどの役割あそびでは、子ども同士の心の動きを保育者が補足することにより、後のコミュニケーション力を効果的にアップさせることができます。

point 5

生活の中にある「きまり」や「制限」を意識させよう

２歳児クラスは、園での活動のすべてが「自立」に向けた取り組みと言っても過言ではありません。１歳児クラスでは、子どもたちが「自由」を獲得するために、保育者が日常生活に必要な運動機能を身につけさせることが大きなねらいでした。「自由」とは自分がしたいときにその行動がスムーズにできることを指しますが、集団生活においては「きまり」や「制限」と相反するものではありません。「やりたい放題」ではないのです。

２歳児は自我の芽生えとともに自己主張が強くなる時期でもあります。そこで、子どもたちの発達過程を考えた上で、決められた「きまり」の中で生活を送ることが必要です。子どもたちが「我慢」しなければならない場面については、保育者がその意味や見通しをわかりやすい言葉で伝えて、きちんと意識づけを行いましょう。さらに安定的に過ごしていくために、「きまり」は子どもたちの成長に合わせて見直していきましょう。

> 終わったら
> 止めようね!

環　境

あそびの基礎力の育成において重要なのは、気づき、興味を持ち、深め、広げていく過程の中で、自己発揮・自己抑制できる力を育むことです。環境設定を考えるとき、環境とは子どもの周りの物的環境だけではありません。子どもを取り巻く人的環境を整えることも大切です。子どもの視点や一人ひとりの成長を理解した上で、保育や環境設定をしていく必要があります。

point 1

あそびに気づく

この時期、子どもは周りの人にとても興味を示し、盛んに模倣します。そして、喜び、感動、発見をした自分とともに感じてくれる保育者や友だちと一緒に、いろいろな体験をしたいと望むようになります。

まず、子どもに経験させたいあそびを保育者が実際にやってみましょう。それを見た子どもが「おもしろそう」「楽しそう」と思い、「やってみたいな」という意欲を持たせることが大切です。

3歳児以上のクラスの子との関わりの中であそびに興味を持たせる。

2歳児にとって、3歳児以上のクラスの子のあそびや活動に興味を持って、見たり、一緒にあそんでもらうことはとても重要です。あそびや触れ合いを通して、憧れの気持ちを抱き、「大きいクラスのお兄ちゃん、お姉ちゃんみたいになりたい」という意欲から、「やってみよう」という態度へとつながります。

やってみようという気持ちを引き出す。

3歳児以上のクラスの子が縄跳びをする姿を見て、「私もやってみたい」という気持ちになり、あそぶ姿をじっと見ていました。同じように跳べなくても、縄跳びを使って電車ごっこをしたり、軽く揺らしたり、跳んでみたり、2歳児に合わせたあそびで楽しんでいます。

point 2

感じて・考えて

自己主張が強く、自分でしたいという気持ちが強く、「いやいや」と好き嫌いがはっきりしているのがこの年頃の特徴です。「やってみよう」とする気持ちはありますが、実際にやるとできないこともあります。そんなときに、保育者がさりげなく手伝ってあげたり、「○○のようにしたらできるかもしれないよ」と言葉掛けをすることによって、「先生が見ていてくれるから、やってみよう」という安心感が生まれ、チャレンジしようという意欲につながります。

point 3

関わって

例えば工作の材料を準備するときは、できるだけいろいろな素材、形の物を用意しましょう。様々な環境を用意することで、子どもはいろいろな形や色の違いに気づき、素材の特性を活かしてあそぶことができます。また、その季節ならではの素材もそろえましょう。日本の四季を活かし、その時期にしか味わえない体験をすることで感性が育まれます。

準備をするとき、年齢を参考にすることは必要ですが、あくまでも一人ひとりの発達段階を考慮した上で環境設定をしていきましょう。また、はさみを大人と一緒に使い始めるのもこの時期がよいでしょう。

point 4

片づけの環境づくり

視覚的に見てすぐわかるように、写真やイラストを使って、どこに何があるかわかりやすく掲示をします。また、種類別に小分けをして整理して置き、子どもが出し入れしやすいようにしておきます。
きちんと片づけることはあそびのひとつの区切りになります。数の認識や1対1対応も、この時期に得られる力なので、生活の中に取り入れるのもよいでしょう。

音楽①手あそび

活動の導入に使われたり、泣いている子がふと泣きやんだりと保育のあらゆる場面で親しまれている手あそび。道具を必要とせず、いつでもどこでも気軽に子どもたちを楽しませることができます。そんな手あそびによる子どもたちの成長を促すポイントを、挙げてみました。ほんの少し意識をして関わることで、さらなる楽しみが広がり、それが成長の手助けにもなるでしょう。

point 1

楽しい雰囲気で

あたり前のことですが、保育者自身が楽しんで行うことが大事です。子どもに「あれ？　何だろう。楽しそうだな」と、まずは興味を持たせるところから始まります。わき見をしている子も、泣いている子も、先生の楽しそうな雰囲気につい誘われて思わず注目してきます。子どもたちが注目してきたら、しめたもの。どんどん引きつけて手あそびを楽しみましょう。

point 2

リズミカルなテンポで

手あそびの多くは、テンポのよいリズミカルな曲調です。子どもたちが自然に体を動かしてしまうほど、子どもたちの耳と心に響きます。心地よいリズムは子守り歌や童謡と同じく、子どもが音楽に触れ親しむきっかけとなり、メロディは単純ですが、子どもの体に自然と刻まれます。やがてそれは、自分も一緒に楽しみたい、手先を動かしたいという欲求に変わり、自分から見よう見まねで楽しむようになります。さらに年齢が高くなるといろんなメロディに出合うことができます。メロディは正しい音程で歌うことが望まれます。

point 3

手や指の動きは大きくゆっくりと

保育者の動きをまねして楽しんでいる姿が見られたら、手や指の動きは、わかりやすいようにゆっくりと大きな動作で伝えましょう。子どもは大人のまねが大好きです。あれこれ説明を加えるよりも、手あそびを楽しむ中で、少し難しい動きのところはゆっくりと、その後はまたもとのテンポで楽しむといいでしょう。子どもが難しい動きだけを何度もまねようとする姿が見られたら、個別に関わり、手を添えて伝えてあげるといいですね。指先を自由に動かせる練習にもなり、ボタン掛けやハンカチ結び、箸の持ち方などにつながっていきます。2歳児は指先の発達が著しい時期なので、その子に合わせたペースでできることを増やせていけたら、自信につながり、自分のペースで次のステップへ進む動機にもなります。

point 4

♪じゅうべいさんが　重箱しょって～♪

言葉も楽しもう

手あそびのリズムや手の動きとともに、その中で使われている言葉とその意味についても触れましょう。言葉をまねて行う手あそびと、意味を理解して行う手あそびでは、楽しさや充実度が確実に違ってきます。語彙の広がりとともに、子どもの世界も広がります。また、子どもたちはオノマトペやくり返しのリズムが大好きです。様々な言葉を発声することで脳と体の機能の発達は刺激を受け、知識や表現力も養われていきます。

※オノマトペ＝擬声語・擬音語・擬態語

point 5

アレンジを楽しもう

手あそびは楽譜通りのリズムや言葉や動きが基本となり、大切ですが、子どもたちが慣れ親しんできたら、ときには保育者の機転でアレンジも楽しんでみましょう。子どもにとって適度な刺激はスパイスとなり、未知の物への新たな興味を持たせるきっかけともなります。リズムを変える、歌詞を変える、動きを変える、さらには、子どもの様子に合わせて保育者が手あそびを作ってみるのも楽しいでしょう。クラスに関係し、自分の名前が出てくるなど、その保育者と子どもたちだけのオリジナル手あそびがあると、子どもたちとの絆もより深まり、さらに手あそびを楽しむきっかけともなるでしょう。

生活の自立支援と環境設定

音楽②遊戯・リズム・楽器

子どもは、乳児期に大人から優しい語りかけや歌声を耳にすることで自然に音やリズムに心地よさや安心感を覚え、やがて身体的な発達とともに、次第に自分でも歌や動きをまねて楽しむようになります。周りが意識して音楽的な環境を整えれば、子どもの感性や表現力・心身の発達を伸ばすことができます。2歳児の心身の発達過程において、保育者はどのような目的を持ち、子どもの成長を見据えて援助していけばよいのか考えてみましょう。

point 1

模倣から体を動かす楽しさを知らせる

2歳になると、音楽に合わせて体を動かしたり踊ったりできるようになってきますが、大切なのは子どもが活動を喜び、楽しく行うことです。子どもが興味を示し、体を動かそうとする意欲が持てるよう、保育者は年齢や興味に合わせた音楽を用意し、自ら楽しく体を動かします。子どもが「おもしろそう、一緒にやりたい」と思えるように、また音楽に乗せて体を動かすと開放的で気持ちがいいという感覚を味わえるように、導いていきます。
季節の歌に簡単な振りを付け、一緒に歌いながら体を動かしたり、リトミックを行うなど、自然に音楽と体の動きを連動させるような経験を多く取り入れましょう。

point 2

運動機能の発達を促進させる

2歳になると、歩く・走る・跳ぶなど基本的な運動機能が発達します。音楽やリズムに合わせて行う動作の中に、ジャンプ・手のひらを左右に動かす・しゃがむ・立つ……など、様々な動きを取り入れることは、子どもの全身運動や目と手足の協応活動を促します。単純な振り付けから始めて、子どもの成長に合わせて動きを増やしたり、少し複雑にしてみます。子どもの身体的発達は個人差がありますから、「○○ちゃんは〜の動きがまだ難しいみたい」「少し前は動きがぎこちなかったけど、今ではスムーズにできる」など、活動を通して一人ひとりの成長の過程や変化を捉えていくことも大切です。

point 3

遊戯の効果

ある程度の長さの曲に合わせて踊る遊戯も、必要な活動です。様々な動きが入ってくるので、通して行うと無理なく全身運動ができますし、ある程度連続した動きを記憶し、曲に合わせて再現する力もつきます。また、友だちと一緒に参加して、喜びや楽しさを共感したり、友だちの存在を意識したり、周りと動きを合わせるなど、協調的な気持ちも育まれます。

しかし2歳は、他の存在を意識しながらも、一人ひとりが楽しむことが主となる時期ですし、中には一緒に行うことに興味を示さなかったり、わざとふざけてしまう子もいるでしょう。子どもの状況に応じて言葉を掛けたり誘ってみたり、また、興味を示すような動きや音楽を取り入れるなど、皆と活動を楽しく行えるよう徐々に導いていきましょう。

point 4

様々な音・リズム・強弱の変化に気づく

保育者や友だちと一緒に歌ったり音楽を聴くことで、子どもは様々な音やリズムがあることを感覚でわかるようになっていきます。音の高低や強弱・リズムをしっかり認識できるような活動を行うと、子どもはその違いやおもしろさに気づくとともに、リズムに乗せて動いたり、音の違いによる表現方法を身につけます。例えば、リトミックでいろいろな動物をイメージした音を聴かせ、「アリ」「ウサギ」「ゾウ」などの動きをまねしたり、リズムやテンポの変化に合わせてゆっくり歩きや早歩き・駆け足などすると、子どもも音やリズムを聴き分け、それに反応して体を動かすことを覚えていきます。また、用意した音を聴かせるだけでなく、保育者と一緒に手拍子を打っていろいろなリズムや強弱をまねしたり、簡単な楽器あそびを行って、実際に子ども自身が音を作る経験もできるとよいでしょう。

ゾウさん ゾウさん
ずっしり ずっしり…

point 5

パンパン

♪シャンシャン

楽器あそび

子どもたちにとって、実際に楽器の音を鳴らすのは、大きな期待や興味を持つ経験です。最初は鳴らしやすいタンバリンや鈴など、簡単に扱えるものがいいでしょう。保育者が手本となって一緒に簡単なリズムをとってみたり、知っている曲に合わせて自由に鳴らしたり、また、頭の上や顔の横で鳴らすなど、様々な動きをつけてみると、活動を楽しめます。

楽器を渡す前には、きちんと楽器の扱い方を教えることも大切です。乱暴に扱ってはきれいな音が出ないことや壊れてしまう可能性があることなどを伝えて、物を大切に使うことやそのための約束事なども学んでいきます。

会話・絵本・ごっこあそび

言葉は、自分の思いを相手に伝えたり、表現したり、絵本などから想像する楽しさを味わうためには、とても重要です。話すことが楽しくなる2歳児は、言葉を題材にする環境を整えることにより様々な経験を通して、言葉と行動を一致させて自分の行動の意味を知る時期になります。また経験したことを言葉に出したり表現したりしながら、自分のものにしていきます。子どもが言葉を獲得し「言葉って楽しい」と思えるように支援するには、どのようなポイントがあるのでしょう。

point 1

言葉を通して人と関わろう

言葉はなぜ必要なのでしょう？　それは、人が人と関わりながら生きていくのに必要だからです。この場面ではどんな言葉を使えばいいのか、経験したことをどのように表現したらいいのかなど、人との関わりの中で学んでいきます。この時期の子どもたちは、自分のしたいこと、経験したこと、疑問に思ったことなど話したい気持ちはあふれればかり。しかし、言葉がなかなかみつからず、つまずいてしまう場面もしばしばです。そんな子どもの気持ちを損なわないように、大きな気持ちで子どもと接し、子どもの話したい気持ちに共感しながら、話せる環境を整えましょう。そんな大人の共感が、子どもの感受性を育むのです。

point 2

言葉を使う喜びを育もう

この時期の子どもたちは、自分のしたいことやしてほしいことなどの要求を言葉にしたり、機嫌のいいときは、安心できる大人に自分の経験を語り出したりします。記憶力が発達し、象徴的に捉えられるようになって、今までの出来事が走馬燈のように映し出されるのでしょう。そんな子どもの話したい気持ちに共感しながら、会話を楽しみましょう。すると子どもは、共感してもらえる喜びを感じ、話すのが楽しいと思うようになります。まだまだ言葉に詰まってしまう子どもたちですが、保育者が代弁するのではなく、子ども自身に語らせることを第一にします。疑問形で問いかけ子どもの発言を引き出すような、援助や言葉のやり取りをしましょう。

point 3

聞くのが楽しいという経験

子どもはお話が大好きです。保育者が身近なものから選んだ話でも、簡単な物語でも、なんでも大好きです。特にその子どもや家族など身近にいる人や物を題材にすると、嬉しそうに聞いています。そんな子どもの興味を考えながら、子どもが「聞く」時間を設けるようにしましょう。そして、「聞く」のは楽しいということを知らせましょう。楽しく聞く経験をした子どもは、保育者が語り始めると「あっ、楽しいことが始まる」と、目をキラキラさせながら集まってきます。日々の生活で、禁止や催促の言葉ばかりではなく、歌や絵本の読み聞かせなど、楽しい言葉があふれる環境をつくり、聞く楽しさを知らせたいものですね。

point 4

絵本との触れ合いを大切にしよう

子どもの教育の中で、絵本はとても重要です。子どもたちは、読み聞かせを通して絵本に描かれている登場人物や絵や色に興味を示します。聞きながら少しずつ話の展開を楽しんだり、自分でページをめくりながらイメージをふくらませていきます。その時期の子どもの興味や発達に応じた絵本の準備が必要ですが、その他に絵本の置き場所や周りの環境も大切になります。今の子どもの興味がどこに向いているかを保育者間で話し合い、読み聞かせだけではなく、自分で見たいときはいつでも絵本が取り出せる環境を整え、イメージの世界が広がる時間をつくりましょう。そしてイメージしたことを言語化したり体で表現できる機会をつくり、象徴機能を養っていきましょう。

point 5

ごっこあそび

子どもたちは、自分が安心できる場所で、好きな物を使って、自分が経験したことを再現してあそびます。特に大好きな大人（両親や保育者、好きな乗り物に乗っている大人など）の姿を嬉しそうに見つめ、同じように模倣してあそびます。保育者のまねをして、友だちに絵本の読み聞かせをしていたり、大好きなお母さんのまねをして、人形に優しく語りかけている場面を見かけませんか？　子どもたちは身近な人のつもりになってあそび、自分がしてもらった嬉しい体験を友だちにすることで、優しい心が育まれるのだと思います。保育者は子どものイメージを大切に育て、ごっこあそびやふりあそびが十分にできる環境を整えましょう。

伝承あそび

伝承あそびは、昔話のように次の世代へ受け継がれていくものです。歌あそびなどはふたりから集団まで、幅広い人数で歌ったりしながら、どこでも楽しくあそぶことができます。今の時代、祖父母から伝承あそびを教えてもらったという人が少なくなっているかもしれません。しかし、お手玉などを使った伝承あそびは人とのコミュニケーションをとるためには、最適なあそびといえるでしょう。

point 1

ふたりでできる伝承あそび

♪げんこつやまのたぬきさん

げんこつやまのたぬきさん〜
おっぱいのんでねんねして〜
だっこして　おんぶして…

歌詞を優しく歌ってあげると、自分が乳児のときにしてもらったことを思い出し、自然に優しい表情になります。

♪いっぽんばし

いっぽんばし　こちょこちょ
にほんばし　こちょこちょ……

くすぐりっこあそび。階段のぼって……の間にわくわく感を味わい、待つことを知ります。
間を変えることで、くり返し楽しめるあそびです。

♪おっぱいのんで　♪ねんねして…

♪階段のぼって…

point 2

歌だけでも伝わります

必ず向かい合ってあそぶ必要はありません。日常のいつでもどこでも、口ずさんであげましょう。まずは歌を自然に覚えて、その後に動作を覚えてもいいと思います。子どもはまねっこが大好きです。歌もあそびもすぐに覚えてしまいます。

point 3

みんなで楽しむ伝承あそび

「かごめかごめ」や「はないちもんめ」など、集団で楽しめる伝承あそびがあります。集団あそびをすると、思考力、判断力、社会性が身についていきます。受け継がれてきたルールをもとに、友だち同士で少しずつ変化をつけて、さらに楽しいあそびへと展開することもあります。

point 4

人見知りの子どもたちのために

なかなか仲間に入れない子もいます。誘われても首を縦に振らず、見ているだけ。無理に誘うと、「しくしく……、ワーッ」と大泣きしてしまい、誘った側もつらい気持ちになってしまいます。「見ている」のは、興味があるからだと信じて、自ら輪の中に入って来るときを待ちましょう。踏み出す勇気を大切に見守ってあげましょう。

point 5

次へと伝えて

次の世代へ伝えていってこそ、伝承あそびです。あそびが途切れてしまっては、次代へつながりません。口ずさんだり、挨拶代わりに手と手を取り合いあそんでいると、輪ができ笑顔が生まれます。これからも大切にしたい伝承あそびです。

point 6

地域のお年寄りとの交流

まねっこから集団あそびへとつながる伝承あそびは、小さい子から大きい子まで一緒に楽しめることが一番です。NHKの「おかあさんといっしょ」でも数々の伝承あそびが放送され、テレビの前で子どもがまねっこしていると聞きます。また、地域のお年寄りの方と交流することで、新しい伝承あそびを知るかもしれません。機会があれば、そうした交流の場へ足を向けてみてください。きっと嬉しいことがたくさんあり、心がハッピーになりますよ。

造　形

子どもたちにとって、造形の初期段階には砂場あそびがあげられます。さらさらの砂を握って感触を味わい、カップからカップに移し替えてあそびます。少し湿り気があると型抜きが楽しめて、自分が作った作品を並べて展示したり、ままごとをして再現あそびを楽しみます。試行錯誤をくり返しながら、今までよりも大きい物が作れたり、形をより整えることができます。作りたい物を作る欲求はすでに子どもたちの中に芽生えているのです。

point 1

子どもの様子を見守ろう

子どもの絵は、成長に沿って特徴がよく出ます。最初は、こんこんとクレパスで点をたくさん描きます。そこから、線が描けるようになり、なぐり描きへと進みます。○を描けるようになると、次は自分の描きたい物を描くようになります。子どもが自由に描いた作品を見ると、子どもの発達がよくわかります。2歳児の目安は○が描けるかどうかですが、のびのびと自分の描きたい物を描く時間が、より発達を伸ばすでしょう。

point 2

使いやすい用具を用意しよう

造形活動は、集中力もいるので、子どもによってすぐに終わってしまったり、逆に長い時間をかけてずっと取り組むなど個性が出てきます。お絵描きや、絵具あそびは画材によって違いますし、粘土でも握力や手の大きさが違うので、同じ用具では使いづらさが出てくる場合もあります。それによって、嫌になったり、あきらめたりすることも考えられます。子どもの様子を見ながらいろいろな種類の用具が準備できるといいですね。

point 3

きれいね

自分らしさを大切に

2歳になると、少しずつ喜びや悲しみ、印象に残ったことを意識的、無意識的に表現できるようになります。友だちと楽しく話しながら絵を描いているときに、「おなら〜」とか保育者が眉をしかめそうな会話がでてきても、心に残ったんだな……と温かく見守ってください。いろいろな物を描くことによって、発散しているのかもしれません。

point 4

それは子どもの作品？

保育者として、造形活動をしたときは作品を部屋に飾りたいですね。保護者にも見てほしいし、どれだけ上手にできたかを見せたい気持ちはわかります。ですが、作品の出来栄えにこだわるあまり、子どもに指図することが増えていませんか？　色彩や大きさ、形から配置まで、「○○したら？」の援助のつもりのおせっかいはやめましょう。子どもの発想を伸ばすためには、保育者の思い込みは禁物です。

よくできました〜♪

できた!!

point 5

どれを使っても
OK！

選択肢を用意しよう

私たちは色に囲まれて生活しています。机は落ち着いた茶色、食材は食欲を誘う赤色がいいなど、心理面に配慮された物もたくさんありますね。その中で、女の子の色・男の子の色と無難な選択を子どもたちにさせていないでしょうか？　子どもには自分の好きな色があり、2歳児では選ぶこともできるでしょう。性別にこだわらず、好きな色を選ぶ機会をつくりましょう。できれば、複数の中から選ぶなど選択肢があるほうが楽しいですね。

自然物・遊具

「○○あそび」と設定できる活動のみが教育的と捉えられがちですが、体を動かす場合は、子どもの主体性に任せることで十分成立する活動があります。その代表格が戸外でのあそび。園庭や園外に出て自然に触れるとき、子どもの興味の持ち方や自然環境の変化への気づきなどによって、活動内容が多様に発展します。保育者の役割のポイントは、子どもに興味や関心、探究心があることを忘れず、子ども自身がそれに気づくように配慮することです。

point 1

自らの保育環境を
よく確認する

保育者が欠かしてはならないのは、自らが展開する保育環境をよく把握することです。特に遊具や自然との関わりについては施設の差が大きく、豊かな環境が整っていれば保育の特色になる一方、逆の場合は配慮する必要があります。園庭が狭く遊具も自然環境も乏しい園ならば、それを補う設定やアイデアが必要です。保育者が常に周辺環境に関心を持ち、子どもの目線で教育的な活用の仕方を考えましょう。自然は、子どもの健全な成長や発達に欠かせません。自然の中でのびのびとあそぶことで、体の諸機能の発達が促されます。子どもの興味や関心が戸外に向かうよう配慮するとともに、園外で活動できる場所を積極的に活用しましょう。また遊具や自然物について、子どもの視線や動線に沿って、促しや移動の工夫も大切です。

point 2

自然を見たり
触れたりする

社会性や想像力など、集団生活に必要な力の基礎となるのが、自然事象や社会事象に触れる経験です。子どもに「今日はさわやかな風が吹いて気持ちいいね」と天候を伝えたり、「今日は時の記念日だよ」と歳時や年中行事を伝えたり、保育者が普段何気なくしている言葉掛けもその一端です。園庭の草花を見て季節の移ろいを感じることで、自然の変化や成長に気づけるようになります。園外で自然物を見たり触れたりする機会を与えると、興味や関心を持ち、友だちや保育者と共感し社会性を育む第一歩になります。

想像力という点では、自然への関わりそのものが感性を豊かにし、イメージする力を養います。例えば「この花はツツジだよ」と知識を伝えるだけではなく、「いいにおいだね」「葉っぱがおもしろい形だね」と感覚を体験することで感受性が育ちます。保育者は、そういった子どもの心の動きを見逃さず、ときには立ち止まって、気づきを深める時間をゆっくりとりましょう。

point 3

冒険心やチャレンジする気持ちを大切に

２歳前後の子どもは、「水たまり」を見るやいなや、そこにジャンプします。長靴でなかろうと、洋服がぬれようとかまいません。この姿が冒険心の表れです。見方を変えれば、「水たまり」が、跳躍から着地までの格好の標的であり、助走のスピードと踏み切るタイミングを計り、向かうその感覚は、運動機能発達のまさに第一歩。経験がある子なら、派手な水しぶきをあげたければ膝を大きく使って着地し、顔に水がかかりたくなければ、ソフトランディングでアタックします。そんないたずらも、心身ともに成長の証と捉えられるのです。同様に、触るのを躊躇していた虫に触れることも、心と体の成長に伴い、チャレンジ精神で積極的にトライします。

けれど興味や好奇心はあっても、行動に移せない子もいます。ここで注意したいのは、葛藤と恐怖心の違いです。例えば初めて複合遊具に向かうとき、自分の動きがイメージできない、失敗したくないという子は葛藤しています。手本を見せて、動きをわかりやすく伝えるなどの促しで、解決することもあります。でも恐怖心を抱いている子には、無理強いせず勇気が湧くのを見守りましょう。そんなとき、異年齢構成の活動にして、周りの子どもの影響で挑戦したいと思わせる工夫も効果的かもしれません。運動の活動には、体の動きだけでなく心の動きにも配慮が必要なことを意識しましょう。

point 4

室内での活動との違い

子どもにとって戸外での活動は、心身ともに開放され、躍動的になり、刺激や変化を求めます。また気象条件や関わる友だちの状況など、予測不能な要素があるため危険も伴います。戸外では、室内では考えられない事故やトラブルが起こり得ることを忘れてはなりません。とはいえ、保育者が管理しやすくても、行き過ぎた制約のもとでの活動では全く意味がありません。子どもの判断力や洞察力などの危険回避の力が備わるように、あくまでも保育者は見守りの姿勢でいなければなりません。周りの状況を判断しながらあそぶのは２歳児には難しいので、適宜「後ろで○○くんたちが三輪車であそんでいるから気をつけてね」など、周囲の状況を指摘することも必要です。遊具については、順番を待ったりゆずったりして、スムーズにあそべるように丁寧に関わっていきましょう。

順番ね！

point 5

遊具の目的を明らかに

遊具はその機能から大きくふたつに分けられます。ひとつは子どもの自由度が低い、目的がはっきりしたもの（ブランコなどの固定遊具）。もうひとつは自由度の高い、発展性のあるもの（築山や丸太など）です。ブランコは「揺れる」ことでリズム感を養い、座位のバランスを保つ筋力や三半規管を刺激するなどの効果が考えられます。でもこうした遊具の活用以上に、デコボコの道を歩いたり、狭い空間に隠れたり、高い築山から転がったりなどの経験が、バランス感覚や精神的な忍耐力も含めて子どもの総合的な発

達に大きく貢献します。固定遊具の前に子どもを並ばせて、「10回やったら交代」と保育者が徹底する場面を見かけますが、「固定遊具を使えば運動機能が身につく」「自由度の高い遊具は気晴らしに最適」などと安易に考えず、そうした目的はあそび込むことで達成されることを意識しましょう。また「させる」「教える」ではなく、子どもたちの自発的に発達しようとする力を引き出す環境を設定しましょう。

4月

楽しく食べよう！ 初めての給食

食事

新入園児はもちろん、進級した子も、友だちと一緒に食べる給食が始まります。子どもの成長にとって食事はとても重要なので、集団生活において守らなければならない約束事はたくさんありますが、まずは食べることを大切にしましょう。よくあそび、そして何よりも食事を楽しく味わってほしいと思います。

準備
・丁寧に関われるよう各テーブルに新入園児はひとりずつ座るようにして、保育者が隣につく。
・落ち着いて食事ができるように、仕切りなどを利用して、目に触れる周りの情報に気を取られないよう、環境に気を配る。

食べる前に手を洗おうね

食事の前には必ず手を洗い、消毒することを習慣づける。

みんなで一緒にいただきます！さあ、食べましょう！

みんなで一緒に食べ始め、食事が終わるまで座っているように促す。

少しでもいいから食べようね

給食の雰囲気に慣れ、少量でもいいので食べる意欲を持たせる。

配慮すること／明日に向けて

こぼれちゃったの？ きれいにしようね

細かく目を配り、こぼれたものであそぶ前にきれいにする。

みんなで食べるとおいしいね

友だちからよい刺激を受け、一緒に食べる楽しさを味わえるようにする。

すごいね、全部食べたね 頑張ったね

食べきってほめることで、さらに食べる意欲につなげる。

62

保育ドキュメント

楽しく食べよう! 初めての給食

2歳児クラス **12**名
保育者 **2**名

記入のPoint
現場で保育をした先生が書き込みます。子どもの声や反応を中心に、自分がした保育の記録を記入しましょう。

保育の記録

記入のPoint
園長先生や主任先生など管理する人が書き込みます。良かった保育は十分に評価し、改善が必要な場合は、具体的な方法などを記入しましょう。

アドバイス

10:30

食に関した絵本などを見せ、食を楽しむ気持ちを引き出す時間を設定した。

5領域に関わる保育内容は、「3つの視点」と「満1歳以上満3歳未満の5領域」及び「満3歳以上の5領域」との連続性を意識しましょう。3歳未満の発達は、3歳以上の発達の基礎となる大切な時期であることを踏まえて、保育にあたりましょう。

11:15

歌を聴きながら、静かに配膳を待つ。「いただきます」をする前に食べる子も見られたが、挨拶をするまで待つように促し、みんな一緒に挨拶をし、食べ始める。

家庭から集団生活になったばかりの4月は、配膳された食事を待つのは、なかなか難しいと思います。どうすれば待てるようになっていくのかは、大事なことですね。食べる前の挨拶はしっかりと子どもに伝えていきましょう。感謝の意識も形から始まります。

11:20

スプーン・フォークの持ち方をさりげなく伝え、持たせる言葉掛けをする。その持ち方や食器を持って食べることにより、こぼすことが減る。

「苦手」なものがあると手をつけようとしない子に寄り添い、援助する。ごはんに混ぜたり、見た目に目立たないように配慮して口に運んだりする。

苦手なもの以外はおいしそうに食べているので、「明日はまた頑張ってみよう。何でも食べてお兄ちゃんみたいになろうね」などと話し、明日への意欲につなげるようにする。

まったく食べない子の事前のリサーチも必要です。家庭ではひとりで食べるのか、食べさせてもらっているのか、何かこだわりがあるのか(ふりかけがないと食べないなど)、どのくらいの量を食べているか、様々な角度から子どもを捉え対応する必要があります。

周りの子どもの様子を伝えることも、大切です。他の子が楽しくおいしそうに食べているのを見て、刺激を受けるでしょう。

12:00

口の周りや手指をきれいに拭いて「さっぱりしたね」と言葉掛けをする。「ごちそうさまでした」と言って、絵本コーナーで静かに体を休める。

食べたことを認めほめることは、次の意欲へとつながる大事なことですね。挨拶はしっかり行いましょう。最初はできなくても、次第に見よう見まねで身についていきます。

→ P.66 保育ドキュメンテーションに掲載

4月

みんなで手あそび つんつんつん

手あそび

暖かな春がやってきました。動物たちも動き出します。子どもたちと手あそびを楽しみましょう。まずは保育者自身が楽しんで、つんつんつん。その姿や雰囲気で、子どもたちも自然につんつんつん。

あそびプロジェクト

準備　・ペープサート（つくし・チューリップ・ちょうちょう）
・「ちょうちょう」「チューリップ」などを歌ったり、事前に春の自然に触れたりして、春の自然に親しみを持たせる。

 ♪「春のともだち」

1. ♪※ぽかぽかあったかはるのひ　いろんなともだちみつけたよ

春の生き物を知るためペープサートを作り、導入として、ペープサートを使って子どもたちの興味をひきつける。

♪つんつんつん　つんつんつん ほらほらつくし　つん！

歌詞に合わせて表現する。

2. ♪※くり返し にょきにょきにょき　にょきにょきにょき
ほらほらチューリップ　ぱっ！

両手で花を作って、ぱっと開く。

3. ♪※くり返し ひらひらひら　ひらひらひら
ほらほらちょうちょう　ひらひら〜

保育者が両手で蝶を作って、花の周りをひらひらする。

D　　　　　A　　　　　A　　　　　D

1.〜3.ぽか ぽか あったか　は る の ひ　　いろんな とも だち　み つけた よ

D　　　　　D　　　　　D　　A　　　D

1. つん つん つん　つん つん つん　ほらほら つ く し　　つん！
2. にょき にょき にょき　にょき にょき にょき　ほらほら チュー リッ プ　ぱっ！
3. ひら ひら ひら　ひら ひら ひら　ほらほら ちょう　ちょう ひらひら〜

様々なメロディ、リズム、テンポなど、音楽独自の世界観に触れながら表現力を身につけます。

作詞・作曲／澤田 弥紀

4月プロジェクト

保育ドキュメント

みんなで手あそび つんつんつん

2歳児クラス	12名
保育者	2名

保育の記録

9:30

春の季節に応じた新しい手あそびを創作する。歌に登場する生き物を知ってもらうために、導入としてそのペープサートを用意した。

9:35

子どもが興味を持てるように、「今日はみんなの所に新しいお友だちが来たよ! どんなお友だちかな?」と問い掛けながら、ペープサートを見せて歌を歌う。

9:38

「つくしはつんつんって土の中から出てくるよ」と話しながら手でまねをして見せると、「つんつん」という擬音に興味を持ち、笑いながらまねをする。

9:40

歌に興味を持たずに外を見ていた男の子に「○○くんの所にもお友だち呼ぼうよ」と声を掛けると、一緒にまねをし始める。

9:43

歌に合わせて手あそびをする。保育者を見て子どもは楽しそうに手や体を動かす。「つくし」や「ちょうちょう」などのそれぞれの動きを楽しむ。

9:50

手あそびを数回くり返す。次回への期待を込め、明日もまたあそぼうと声掛けをし、終了する。

アドバイス

活動を楽しみ、充実させるには、導入の仕方が大切です。いかに無理なく自然に活動へとつなげていけるか、子どもたちの興味を引き出し、活動のねらいへと持っていけるかは、導入にかかっているといえるでしょう。

「どんなお友だちかな?」と興味を持たせる言葉掛けはいいですね。ヒントを小出しにして子どもたちとのやり取りを楽しみましょう。子どもの中から言葉を引き出せると、考える力も育ちます。

子どもたちは※オノマトペが大好きです。動作を言葉にすると理解しやすくなり、子どもにわかりやすい言葉を使うことで、より親しみを持ち、どんどん覚えていきます。子どもの発想から出た言葉も必ず拾い、返しましょう。自信となり、表現力も育っていきます。

※擬声語・擬音語・擬態語

他に興味がある子どもへ心を配ることは、その子を大事にすることであり、クラスの一員(仲間)という意識を持たせることにもつながります。今回は誘って興味を持ってくれましたが、興味を持たない場合は無理強いせず、その子の気持ちを受け入れましょう。次回は参加したくなるような関わり方も大切です。

事前に春の自然に触れていたのはいいですね。子どもたちが親しみを持ち、イメージできたので、さらに手あそびの楽しさを味わえています。上手にできたことを言葉だけでほめるより、スキンシップをとったので、子どもの中に嬉しさと認められたというあったかい気持ちが感じられたことと思います。

→ P.67 保育ドキュメンテーションに掲載

ワンダーぐみ　保育ドキュメンテーション　生活習慣

20XX年

4月

楽しく食べよう！初めての給食

4月25日

自我が芽生え自己主張の著しい2歳児ですが、この時期に自分の意思で行う経験が、その後の子どもの成長には欠かせません。食事も初めは食べたい物を、次第に他の物へと自分の意思で食べます。スプーンから箸の持ち方、挨拶、マナーなど、身につけてほしいことはたくさんありますが、まずは食事を楽しむのが一番です。

最初は気が散って、静かに給食の配膳を待てない姿も見られますが、友だちと食べる楽しさがわかると、待てるようになります。

まだまだ食べこぼしもありますが、落ち着いて食べられるようになると減ってきます。スプーンの使い方なども指導します。

食事はコミュニケーションをとる上でも重要です。お互いが気持ちよく食事をとれるように、ゆったりとした雰囲気づくりをしています。

子どもの成長・発達

子どもにたくさん食べてほしい、栄養もマナーもと、つい手や口を出しすぎてしまいますが、まずは「落ち着いた雰囲気の中で楽しく食べること」をねらいとしました。無理のない量の加減や苦手な食材を食べやすくする工夫、また、友だちと一緒に食べることで、食事を楽しんだり、自分から食べようとしたりする意欲が育ってきています。給食を食べることに慣れてきたら、次のステップとして、挨拶やマナー、スプーンの正しい持ち方などを知らせていきます。お家でも、お子さんと一緒に楽しく食べながら、食事の自立へとつなげていきましょう。

ワンダーぐみ

20XX年 4月

保育ドキュメンテーション　あそび

みんなで手あそび つんつんつん

4月15日

新しい友だちに出会う4月、子どもたちに春の暖かさや友だちが増える喜びを味わってもらいたくて、新しい手あそびを作りました。みんなで歌い、体を揺らし、いろいろなポーズをしながら、笑顔あふれるひとときを過ごしました。
手あそびは音楽に親しむきっかけになります。

まずはペープサートでつくし・チューリップ・ちょうちょうの絵を見せて春の生き物や植物について知らせました。

次に、つくし・チューリップはどんなふうに土から出てくるのかを子どもたちと話しながら一緒に行いました。

つくしは「つんつん」、チューリップは「にょきにょき」などと音をつけて手で表現すると、子どもたちは音に興味を持ち、楽しみながらまねをしていました。

子どもの成長・発達

「春の自然に気付き興味を持つこと」をねらいとして、大好きな手あそびをペープサートを使って楽しみました。つくしやチューリップが土から出てくる様子を子どもたちと「つんつん」「にょきにょき」などと音をつけて表現すると、擬音に興味を持ち、発想が豊かになりました。また、新しく入園した友だちとも関わりを持てるように、手あそびの歌詞をアレンジし、新入園児の名前を入れて歌ってみました。
子どもたちはその子の名前を覚えて呼んでみたり、仲間に誘ったりなど、今では一緒にあそびを楽しみ、コミュニケーション力も育っています。
手あそびは、指先の発達にもつながります。保護者の方が知っている手あそびがありましたら、ぜひお子さんと一緒に楽しんでみてください。

5月

ご挨拶集めをしよう！

会話

子どもたちがはっきりとしたイメージを持って挨拶の言葉を獲得できるように、朝の集いの中で、子どもや保育者がお気に入りの挨拶の言葉を発表する「ご挨拶集め」をすることにしました。保育者は気持ちよく挨拶することの大切さを伝えるために、自らが手本となって元気に明るく挨拶をします。

準備　・子どもが混乱しないように、保育者が事前にどんな挨拶をするか打ち合わせをしておく。

子どもたちの前で先生が演じる。

子どもに話しかける。

子どもたちに、それぞれのお気に入りの挨拶の言葉を聞く。

☆朝の集いで行うことで、その日の生活を通して挨拶が強く意識づけされる。
　機会を捉えて、挨拶の言葉を増やしていく。

配慮すること／明日に向けて

**〇〇くん
おやつをどうぞ**

おやつの時間、
先生におやつをもらって……

**仲間に入れてもらいたいときは
なんて言おうか？**

活動の時間、
友だちの輪に入ろうとして……

**あと1周したら
「貸してね」って言ってごらん**

外あそびの時間、
三輪車の取り合いが起きて……

保育ドキュメント

ご挨拶集めをしよう！

2歳児クラス　**12**名
保育者　**2**名

保育の記録 / アドバイス

9:40

朝の会の中で挨拶の言葉を発表する。先生たちの掛け合いを集中して見ている。テルミ先生がりゅうせいくんに「ありがとう」の言葉を掛けると、恥ずかしそうにうなずいていた。

「満1歳以上満3歳未満」の新しい5領域が設けられたので、これに注目して計画を立て、保育にあたりましょう。

9:45

子どもたちにもお気に入りのご挨拶をあげてもらうと、次々に声が上がった。
しゅうとくんを指名し改めて「お気に入りのご挨拶は？」と聞くと恥ずかしがって黙ってしまった。

たとえ言葉を理解していても、自発的に挨拶を交わせるまでには時間を要します。緊張や人見知りから反応がないときも認めて、保育者が気持ちを代弁するなどしましょう。

9:55

朝の会を終え、朝のおやつの時間となり配膳を行う。テルミ先生が子どもたち一人ひとりに声を掛けながらおやつを配ると、さっきは恥ずかしそうにしていたりゅうせいくんが「ありがとう」とお礼を言った。先生は「どういたしまして」と笑顔で答えた。

自発的に挨拶を交わせるようになるには、5領域（満1歳以上満3歳未満）にあるように、信頼関係を築くとともに、子どもが挨拶の心地よさを感じたり、応じたくなるような、明るく和やかな雰囲気作りをしていきましょう。

10:10

おやつの時間を終えるため、食べ終わった子を中心に「ごちそうさま」をする。挨拶のできた子から片づけをしたが、最後になったしゅうとくんを見守っていたリエコ先生が食べ終わったのを見計らって「どう、おいしかった？　ごちそうさましようか？」と促すと、しゅうとくんは今朝食べた朝ごはんや大好きなお兄ちゃんたちの話をし始めた。リエコ先生は話に耳を傾けしばらくして「一緒にごちそうさまね」と言って手を合わせると、しゅうとくんもニコニコして「ごちそうさまでした」とつぶやいた。

食事の初めと終わりには、感謝の気持ちやその意味を丁寧に伝えるとともに、けじめや区切りといった観点からもしっかり挨拶をしましょう。

子どもたちは、自分たちが伝えたいと思うことは意欲的に話すものです。それに耳を傾ける時間を取れるような体制づくりも必要です。人に話を聞いてもらう経験は、自発的に挨拶を交わすことができる要素のひとつになります。

→ P.72　保育ドキュメンテーションに掲載

5月 ドキュメント

これなあに？

会話

自分が経験したことや周りの人や物に興味を示し、まねしてみたり見立ててみたりしてあそぶことが多くなります。イメージに共感したり、あそびに必要な物を用意したりしながら楽しみ、あそぶ中で想像力が高まるといいですね。

準備　・野菜や果物の玩具など、名前を覚える物を用意する。

ステップ**1**
物 の名前を覚えよう

ステップ**2**
物 の大きさを覚えよう

①これは
りんごです

②りんごは
どれですか？

③そう、それが
りんごだね

これ

保育者は野菜や果物のおもちゃ
の入ったかごを見せる。

①こっちは大きいりんご
こっちは小さいりんご

大きいね、
小さいね

②大きいりんごは
どっち？

こっち！

保育者は大きさの違うふたつの
りんごを見せる。

配慮すること／明日に向けて

①間違いを強く否定したり、くり返し言い直させるのはやめましょう。
②物には名前があることを知ることや、言葉の響きを楽しむことを大切にしましょう。
③対象物は実物を使うと効果的です。散歩に出かけたときなどにみつけた物で行うのもいいでしょう。
④興味を示すうちはくり返し行いましょう。

保育ドキュメント

これなあに？

2歳児クラス　**12**名
保育者　**2**名

保育の記録

アドバイス

10:40

設定保育の活動を終えた子どもを誘って、果物の名前を覚える活動を行った。かごを持ちだすと子どもたちが3人集まってきた。

できるだけ集中して行えるような人数と空間を選んで行うとよいでしょう。

10:42

落ち着いて座れたので、まずりんごとオレンジと桃のおもちゃをかごに入れ、果物が3つあることを伝える。次にりんごを取り出し「これはりんごです」と説明した。子どもたちはみんな真剣な顔でうなずいていた。

最初は、名前を覚える対象物は、子どもに身近でイメージしやすいものを選ぶとともに、色や形がはっきりと区別できるものにするとスムーズに行うことができます。

10:45

りんごをかごに戻した後「りんごはどれ？」と聞くと、アイナさんがオレンジを指さす。マサシくんは反応を示さなかった。オレンジを指さしたアイナさんに「うん、そうね、でもこれはオレンジという果物なの。りんごと形が似てるものね」と告げた。ノゾミさんに「ノゾミちゃんが指さしてくれたのがりんごだね」と伝える。

子ども一人ひとりによって反応が違うことを理解しその違いをよく観察する必要があります。また、成功させることがすべての目的ではないので、くり返し行えるように楽しい雰囲気をつくることが大切です。

10:48

もう一度同じ提示をくり返し「今度はわかるかな？　りんごはどれでしょう？」と聞くと、3人ともりんごを指さした。

言葉が記憶され、後になって思い起こすことができるように、ゆっくり丁寧に伝えていきましょう。

10:50

次にりんごを手に持って「これは何でしょう」とたずねると、アイナさんが「りんご」。すかさず続いてマサシくんが「りんご」。出遅れたノゾミさんは黙ってしまった。「そう、りんごだね、アイナちゃんとマサシくんよく言えたね」とほめた後、「ノゾミちゃん、これなあに？」と聞くが下を向いて黙ったままだった。

丁寧にくり返し行うことで理解できるようになり反応もよくなるが、複数で行う場合、他者の模倣で終わってしまわないように一人ひとりがイメージできているかを配慮して行いましょう。

達成感や満足感が子どもによって違うので、その子の言葉の理解度に応じてレベルの変化が必要です。

→ P.73　保育ドキュメンテーションに掲載

ご挨拶集めをしよう！

20XX年 5月

5月15日

挨拶は人と人とのコミュニケーションの入り口です。挨拶によって礼節が身につき、人との関わり合いを大事にする気持ちが芽生えます。言葉を使いだすこの年齢に「習慣」として挨拶ができるようにしましょう。挨拶の習慣を身につけるには、周りの環境や大人の関わりが大切です。言葉を獲得していない子どもでも、大人の会話を聞いてまねしようとします。周りの大人が元気な挨拶をして、自然に覚えることが望ましいでしょう。

園では先生たちがお手本となって挨拶を交わす場面を子どもたちに見せています。子どもたちがどんな場面で挨拶すればよいのかイメージすることができます。

挨拶にはどんな言葉があるか、みんなで考える時間をつくっています。集団となると意外にもたくさんの言葉が飛び交います。

集団生活では、交わす挨拶や呼びかけがたくさんあります。先生がお世話をしてくれたり、友だちとぶつかったり、異年齢児と関わり合いながら具体的な場面・状況を覚えていきます。

子どもの成長・発達

「子どもたちがはっきりとしたイメージを持って挨拶の言葉を獲得できること」をねらいとして、子どもや保育者がお気に入りの挨拶の言葉を発表する「挨拶集め」をすることにしました。保育者が毎日の生活の中で、明るく親しみを込めた挨拶を心がけたり、挨拶にはどんな言葉があるか知らせたことで、子どもたちの挨拶への意識が高まってきています。「場面に合わせた挨拶」を理解してもらうために、園では保育者が率先して、挨拶する姿を示していきます。家庭でも、保護者の方から率先して、親子で挨拶を交わしあいましょう。

ワンダーぐみ　保育ドキュメンテーション　あそび

20XX年

5月

これなあに？

5月15日

2歳から2歳半を過ぎると、個人差があるものの急激に言葉を発するようになります。子どもの言葉を聞いて「誰が教えたの？」と思った経験はないでしょうか。子どもたちが発する言葉は、体験を通して獲得したものしかありません。ですから、子どもたちに言葉を身につけさせるには、日常生活やあそびの中でたくさんの言葉に触れさせることが大切なのです。

園外保育で散策した際にみつけた花や木、虫といったものから建物や乗り物まで子どもたちが手にしたものや目にしたものすべてが言葉に通じる対象物です。

保育室にはいろいろな玩具や絵本などがあり、それらを通して言葉を獲得していきます。その他にも、置いてある野菜や果物のおもちゃ、お花や観葉植物などもその名前や形、大きさなどの違いを比べながら言葉を覚えていきます。

子どもの成長・発達

「生活やあそびの中で簡単なやり取りを楽しむこと」をねらいとして、保育者が子どもの発する言葉に耳を傾け、応答的なやり取りを重ねることで、子どもが自分の気持ちを伝えようとする意欲を育んでいきます。また、日常保育では、絵本やごっこあそびを通して言葉のやり取りを楽しみながら、語彙を増やしていきたいと思います。家庭でも、絵本の読み聞かせなど、お子さんがいろいろな言葉に触れられる機会をつくってみてください。

6月

トイレに行ってみよう!

トイレでの排泄に慣れ、尿意や便意を自分から伝える子どもも増えています。まだ失敗が続く子は、みんなとトイレに行く時間を持つことで、友だちの姿を見て排泄の仕方などを学びます。やってみよう!と思えるきっかけをつくることもトイレトレーニングになります。

生活習慣プロジェクト

準備
・子ども一人ひとりのトイレに行く時間を把握しておく。
・みんなでトイレに行く時間を決めておく。

活動前、午睡後などトイレに行く時間があることを知る。

援助を受けたり他の子どもの姿を見ながら排泄の仕方を知る。

トイレで排泄が成功することや心地よさを知らせる。

配慮すること／明日に向けて

おしっこがしたくなったら先生に教えてね

失敗しても叱らず、優しく言葉掛けをし、次への意欲を高める。

"おしっこが出る"って自分で言えたね!

尿意・便意を伝えた姿を十分に認め、自信へとつなげる。

スリッパきれいにそろえたね

スリッパをそろえたり手を洗うなど、トイレの使い方はその都度伝えていく。

保育ドキュメント

トイレに行ってみよう!

2歳児クラス	12名
保育者	2名

保育の記録

アドバイス

9:30

今日は何をしてあそぶのか知らせ、その前にトイレに行くことを伝えた。あそびに集中できるよう、活動前にみんなでトイレに行くようにした。

活動前には排泄をすることを知らせるのは大事です。排泄ができる子どもも、なかなかできない子どもも一緒に行き、トイレの環境に慣れるようにしましょう。

9:35

「出ない」と保育者に伝える子どももおり、無理に誘わず「おしっこが出そうになったら教えてね」と伝えた。トイレが近い子どもには「出るかもしれないよ」と誘い、排尿を促した。

集団での排泄の時間は大切ですが、まだまだ個々の排泄のリズムがあることを考慮し、無理強いは避けるようにしましょう。

9:40

男子小便器が使えない子どもがおり、他の子どもが立ってする様子を一緒に見たり、そばで見守りながら挑戦しても、慣れないのかなかなか出ず、便座に座って排尿をした。

立ち便器の環境になかなか慣れず、生理的にまだ発達していない子どももいます。無理に誘ってしまうと自立を遅らせてしまうので注意しましょう。

9:45

女の子には、排泄後にペーパーの取り方を伝えたり、一緒にペーパーをちぎったりした。援助を受けながら拭いたり水を流したりし、自分でできたことをほめられると満足した様子だった。

排泄後の始末を少しずつ知らせるのは大切ですね。まだまだ完全ではなくても、保育者が少し援助をすることで達成感が味わえると思います。子どもの意欲を損なわないようにしましょう。

9:50

「うんちが出る!」と便意を保育者に伝え、しばらくすると排便が成功した。「トイレでできたね」などと十分にほめながらお尻を拭き、すっきりしたことなど確認していった。

便意を感じ、伝えることは子どもにとって大きな一歩ですね。排便ができたことをともに喜ぶことで、子どももこの喜びを覚え、排便のリズムが身につくようにさせていきましょう。

→ P.78　保育ドキュメンテーションに掲載

6月ドキュメント

6月

どんなお弁当できるかな？

ごっこあそび

自分が経験したことや周りの人や物に興味を示し、まねしてみたり見立ててみたりしてあそぶことが多くなります。イメージに共感したり、あそびに必要な物を用意したりしながら楽しみ、あそぶ中で想像力が高まるといいですね。

あそびプロジェクト

6月プロジェクト

準備
・おべんとうがテーマの絵本
・積み木やハンカチなど、イメージしながら見立てあそびを楽しめるような玩具などを用意する。
・出しやすいように分類しておく。

これ何に見えるかな？

トマトに見える？赤くておいしそうだね

様々な玩具や道具などを手に取り、興味を持つ。

○○ちゃんはお布団で寝てるんだね

お弁当ができましたよ

様々なあそびがあることを知る。

包丁で切ってるんだね

おいしそうなお弁当ができたね

見立てたり、まねしてみたりしながらあそんでみようとする。

配慮すること／明日に向けて

お母さん、お腹がすいたなぁ

保育者も一緒になりきってあそび、イメージを共有する楽しさ、嬉しさを味わえるようにする。

まっててね～

野菜がたくさんでおいしそうだね

子どものイメージを大切に、共感したり具体的にほめる。

○○くんもあそびたかったんだね

一方的に叱らず、両方の気持ちを受け止めながら仲立ちをしていく。

保育ドキュメント

どんなお弁当できるかな?

2歳児クラス	12名
保育者	2名

保育の記録

アドバイス

10:00

お弁当作りのイメージを想像しやすいように、お弁当の絵本を読んだり、好きな食べ物や家での生活の話など会話を楽しんだ。

あそびに入る前に、子どものイメージをふくらませられる環境を整えることは、とても大切です。絵本を見ながら自分の経験したことを思い出せる言葉掛けも考えておきましょう。

10:05

積み木や木の器などを用意し、自由にあそぶ姿を見守るようにした。器に積み木をのせ、「ごはん作った!」と嬉しそうに見せる姿が見られ、食べるまねをするなどしてあそんだ。

今、子どもがイメージしたことを感じ取り、それを表現できるようなものを用意することが大切です。5領域(満1歳以上満3歳未満)にあるように、「生活や遊びの様々な体験を通して、イメージや感性が豊かになる」ことを大事にしていきましょう。

10:15

積み木を長く並べてあそぶ子どもがいた。何をしてあそんでいるのかと聞くと、「これ電車」と教えてくれた。長くつなげていることなどをほめると、嬉しそうにさらにつなげていった。

この時期は平行あそびの時期ですが「仲立ち」によってあそびを楽しめるので、保育者が子どものイメージしたことに共感して、あそびを展開していけるように環境を整えましょう。

10:20

お弁当を作っていたので「遠足に行こうか?」と一緒に部屋を歩いたり、シートを広げるなど雰囲気づくりをすると、「はいどうぞ」とみんなにお皿を配ったり食べるまねをしたりと、お弁当タイムが始まった。

子どものイメージは無限大。また共感してくれる人がいることは子どもにとって大切ですね。保育者や友だちが共感してくれる場面を経験させながら、共感する力を養っていきましょう。

10:25

玩具の取り合いになった。両方の気持ちに共感しつつ順番に使うよう伝えたが、少し納得いかないようだったので、順番を待つ間、代わりの玩具で一緒にあそぶと、気が紛れた様子だった。

両者の気持ちに共感することはとても大切です。子どもの自我を尊重しながら「後で貸してね」など思いを伝え、貸してくれた感動や貸す喜びを味わえる環境を両者につくりましょう。

→ P.79　保育ドキュメンテーションに掲載

20XX年 6月

トイレに行ってみよう!

6月15日

月齢差に応じて、トイレで排泄し、おむつからパンツに移行できるようにしていきたいと思います。6月頃から夏の暑い季節は、子どもの衣服も少なくトイレトレーニングにとてもよい時期です。みんなでトイレに行く時間を決め、他の子どもの姿を見ながら学ぶ機会をつくっていきます。

男の子は、友だちが立ってする様子を見たり便器の前に立ってみたりしながら、少しずつ立ってすることに慣れるようにしたいと思います。

女の子もペーパーを一緒にちぎったり、水を流したりしながら、自分ですることの満足感を感じられるようにします。

排泄後は手洗いを促したり、やり方などを知らせたりしながら、手洗いの習慣がつくようにしていきます。

子どもの成長・発達

「進んでトイレに行き、排泄の習慣を身につけること」をねらいとしました。漏らしてしまったときには「気持ち悪かったね」と優しく声を掛け、トイレでの排泄に成功したときは「上手にできたね」と十分にほめて、清潔にする心地よさを体験できるようにしています。こうした対応は、排泄の失敗をマイナスととらえず、積極的に取り組むことと、子どもの自己肯定感にもつながります。家庭でも、トイレでの排泄に成功したときは、親子で喜び合いましょう。

ワンダーぐみ

20XX年 6月

保育ドキュメンテーション　あそび

どんなお弁当できるかな？

6月15日

自分が経験したこと、見たことなど思い出しながらあそびに取り入れていきます。それぞれのイメージを大切にしながら言葉掛けをし、あそびました。お弁当を作ると、遠足に出かけたり、シートを広げたりと、あそびが展開されていき、想像力が広がってきました。

自分のイメージを表現しやすいように、場所や物を用意します。

子どものイメージしたものを大切に " そのつもり " であそんだり、友だちともイメージがつながるように言葉掛けをしていきます。

玩具の取り合いになってしまうこともしばしば。一人ひとりの気持ちを受け止めつつ順番や貸し借りなど教えていきます。

子どもの成長・発達

経験したことや周りの人や物に興味を示し、まねをしたり見立てあそびが多くなってきました。そこで「生活やあそびを再現して楽しむこと」をねらいとして、子どものイメージを大切にしながら積み木であそびました。積み木をご飯や電車に見立てたのをほめることで、子どもたちの「自分の思いを表現して伝えたい」という意欲が高まっています。経験したことを再現しようとするのは、表現する力や創造性の発達の基礎となる力が育ってきているからです。

家庭でも、空き箱やカップなど、身近な物を使って、見立てあそびを楽しんでみてください。素敵な発見があることでしょう。

7月 ぼくの物、わたしの物

子どもは自分という存在を確立した後、他の人と共存していることを知ります。自分の物、他人の物、みんなの物があることを知り、様々なルールを身につけていきます。自己主張の盛んな年齢で、すべてを自分の所有物にして困らせることもありますが、少しずつ理解できるよう援助しましょう。

生活習慣プロジェクト

7月 プロジェクト

準備　・個人の所有物には、しっかり名前やマークがついていることを確認する。

お散歩へ行くとき、自分の物がわかるか問いかける。

トラブルが起きたら、よく話を聞き状況を把握する。

誰の物か確認するには、マークなどを見ることを知らせる。

配慮すること／明日に向けて

○○ちゃんが今使っているから次に貸してもらおうね

誰の物でも手にしてしまうときは見のがさず、トラブルになる前に声を掛ける。

仲よしで見ても楽しいよ

自分の物がわかると、共有する物があることもわかるようになり、我慢するようになる。

○○くんにも貸してあげると一緒にあそべるよ

遊具の貸し借りで共有物を知り、友だちと仲よくあそべる。友だちとの関わりから、思いやり、優しさ、協力などの情緒的な心が身につく。

保育ドキュメント

ぼくの物、わたしの物

2歳児クラス	12名
保育者	2名

保育の記録

10:00

7月になっても、0歳から入所しているひろみちゃんと新入園児のなみちゃんとは自分の物についての意識が違い、おもちゃを取った、取られたでトラブルが多い。今日も園のかごを取り合っていたので、「みんなであそぶおもちゃだよ。順番に使って、一緒にあそぼうね」と声を掛けた。

10:05

言葉を掛けても理解できずに大泣きされることもあるが、今日はふたりとも納得してくれて、順番に使いながらままごとあそびが始まった。

10:10

ままごとあそびをしているときには生活感を感じることがあり、※「どうぞ」とか、「貸してあげる」「ありがとう」という言葉を耳にすることもある。だが長続きはせず、トラブルが起きてしまう。

10:30

自分の持ち物に多数のストラップをつけている子が多く、めずらしがって触っていると、「僕のだ」とけんかになってしまった。共有している帽子でも、間違っただけなのに「私の取った〜」と大泣き。立ち直れず数十分すねたまま。なだめても気持ちをなかなか切り替えることができなかった。

ポイント

※の言葉を大事にしましょう。保育者も笑顔で言ってみて！

アドバイス

入園年齢の違いにより、新入園児は幼いときから集団生活を経験している子との差が大きいと思います。よいことも悪いことも関係なく人のまねっこをする時期で、危険を伴う場合もあるので、生活の中で自然に所有・共有を学ばせていきましょう。まずは、どれが自分の物でどれが共有する物かをくり返し伝えることです。

保育者とともにごっこあそびをしているとき、「貸して！」「貸さない！」のトラブルがあり、貸してくれなかった子に言葉を掛けても思いが満たされず大泣きし、保育者に抱っこされて泣きやむ。でも気持ちが収まらず、貸してくれなかった子を蹴とばしたりたたいたりする場面も見られます。しっかりと心を受け止め、共有することの大切さを知らせなければ、暴力となって表れてしまいます。

物が豊かな時代のため、共有することがわからず、自分の物だと認識してしまう場合もあるでしょう。物の豊かさで心を貧しくせず、子どもの気持ちをよく理解し、優しく声を掛け、心を豊かにさせるあそびに展開させましょう。

→ P.84 保育ドキュメンテーションに掲載

バシャバシャ楽しい水あそび

自然物

子どもたちは水あそびが大好きです。雨が降った後の水たまりも、水道から出る水もすべての水をあそびにしてしまいます。手から伝わる水の感触が脳に伝わり、冷たくて気持ちがいいとか、バシャバシャ水がはねる様子や音を感じ取ります。みんなとても集中して楽しみます。

あそびプロジェクト

 準備
・プール　・ペットボトル
・スポンジ　・水鉄砲　・バケツ

水は、どんなふうに落ちるかな？

ペットボトルからポタポタ流れる水の様子や、プールに落ちる音に気づかせる。

手のひらで、水をたたいてみて！

広げた手のひらから水がはねる感触を体で感じさせたり、金魚のように水の中で手を躍らせたりする。

プールの中で、駆け足してみよう！

水の中で足踏みや駆け足をして、体全体に水しぶきが掛かるのを楽しむ。

▶ **配慮すること／明日に向けて**

7月プロジェクト

嫌がる子には掛けないでね

友だちと関わるよりひとりあそびを好む子は、水しぶきを掛けられると大泣きすることもある。

おもちゃ屋さんが家に帰りまーす！

楽しかったあそびを次につなげるためには、片づけが大切。次回への期待を持たせるような声掛けをする。

きれいに拭こうね！気持ちいいね〜

ぬれた体を拭いて衣服を着替えた後は、水分補給をして十分休む。

保育ドキュメント

バシャバシャ 楽しい水あそび

2歳児クラス	12名
保育者	2名

保育の記録

アドバイス

10:10

天気がいいので、大好きな水あそびをした。水鉄砲の歌を歌いながら、水着やパンツに着替えた。
「着られな〜い」「やってちょうだい」と保育者に水着を持ってくる。「かわいい水着だね」とほめると得意気な顔。

前日や当日の体調をしっかり把握した上で、水あそびを行いましょう。園内ではやっている病気はないか、虫さされによる発疹はないか、集団生活の中で病気を感染させることのないようにしましょう。

水あそびが計画されていたとしても、病気の子が多い場合は取りやめましょう。水からの感染は多いものです。

10:20

手作り遊具を手に取り、プールを囲み水あそびを始めた。ペットボトルに上手に水を入れることができた子が、上からザーッと水を流したとき、まだ水を入れている子の頭に命中。そして大泣き……。おとなしい子と活発な子と分ければよかった。

物の貸し借りも大切ですが、全員が同じあそび道具を持っていることも大事ですね。共通したあそびの中で、友だちと関わってあそぶということを覚えるでしょう。しかし自己主張、自分勝手な行動が多い年齢なので、トラブルには気をつけ、けがをしないようにしましょう。

10:30

○○くんが水に足を入れると、次々まねっこさんが出てくる。バシャバシャ足踏みを始め、保育者も一緒になって楽しんだ。手で顔を拭きながら、水しぶき大会になった。

体で感じながら楽しむ水あそび。体にかかる水の冷たさや、動作や手から伝わる水の抵抗など、楽しいことがたくさんあります。そばで見守るだけではなく、保育者も一緒になって水に入り水しぶきを上げることが、子どもたちにとって喜び楽しめることですね。

10:50

「明日も晴れるかな?」「晴れろー」「そうだね!」「また明日会いましょう、ペットボトルさん」などと声を掛け、後片づけをみんなでする。

みんなで協力して後片づけができたことをほめてあげましょう。

10:55

部屋に戻り、水で少し冷たくなった体を日に当て、心地よさを感じながら水分補給をする。少しだけ横になる。

長時間の水あそびにならないよう、時間をよく見ましょう。また明日もね!と物を大切にする気持ちを込めながら、次の行動に切り替えることも大切です。

→ P.85　保育ドキュメンテーションに掲載

20XX 年

7月

ぼくの物、わたしの物

7月15日

2歳児にとって所有と共有とは、自分の目に、自分ではない他人が映ったときから認知し始めるのではないかと思います。人見知りをするのは、まさに区別がついたから。ここから、人間形成にとって大切な、他者との関わりが始まるのです。

園の遊具はほとんどが共有物です。自分が満足する以上の遊具をひとりじめなんてできません。友だちがあそんでいるものが欲しくても我慢！一緒にあそぶことで我慢の解消になることもあります。

所有物を人に貸すことは年齢的に許せませんが、共有物は、貸し借りすることを覚えると、優しく「貸して」「いいよ」が言えて、トラブルも少なくなっていきます。

それ、ちょうだい！

ダメ！僕のだもん

あそび込んでいるときに、いきなり「貸して」と手が伸びるとトラブルになります。

子どもの成長・発達

2歳児は自己主張の盛んな年齢で、なんでも自分の物だと主張して、周りを困らせることがあるので「みんなで使う共有意識を持つこと」をねらいとしました。トラブルがあったときは保育者が仲立ちすることで、相手にも思いがあることや、状況に応じた行動や言い方があることを知ったり、我慢する力、譲ろうとする気持ち、一緒にあそぶ楽しさなどに気付いていきます。また、物を貸したり借りたりすることを通して、優しさや思いやりの気持ちが育ち、他者への手助けもできるようになるのです。家庭でも、お子さんの「貸さない」「いやだ」が、「いいよ」に変わるよう、根気強く関わってみてください。

ワンダーぐみ

20XX年 7月

保育ドキュメンテーション　　あそび

バシャバシャ 楽しい水あそび

7月17日

暑くなると、涼しさを実感するためにはプールあそびが一番です。泳ぐことはまだできませんが、水しぶきを上げてバシャバシャ音を立てて楽しめる年齢です。汚れたことに対しての抵抗がなく、水着でなくても小さなあそびを楽しみます。全身で水の感触を楽しめて、気持ちが開放されます。

シャワーに見立てて、ペットボトルを上げ、水が落ちるのを楽しみます。

きんぎょ〜
きんぎょ〜

やめてー

ジャー
ジャー

やっほー
気持ちいい

始めは静かに水あそびをしていても、水の温度に慣れてくると、動きがダイナミックになってきます。水しぶきを掛けられるのがいやな子は、プールの端にへばりついています。

子どもの成長・発達

「水の変化やおもしろさを楽しむこと」をねらいとしました。様々な容器をシャワーに見立てたり、きんぎょすくいをしたり、プールでダイナミックにあそぶ中で、子どもたちは水の冷たさ、はねる様子や音など、水の性質や不思議を体中で感じ、水への興味が高まっています。

子どもが水溜まりであそぼうとすると、大人は「きたない」「衣服が汚れる」など、禁止してしまいがちです。けれど、子どもは泥んこになってあそぶ中で、ぬるぬる、しっとり、柔らか、などの感触を、体と心の両面で味わっているのです。五感を磨く貴重な学びの場面だと肯定的にとらえることも、忘れてはなりませんね。

7月ドキュメンテーション

午睡

安心して眠り、気持ちよく目覚めよう

子どもの成長には、睡眠が大切です。家庭の睡眠時間も考慮しながら、バランスのよい一人ひとりの睡眠を保障してあげましょう。特に夏は暑さによる疲れが残らないように、休息や午睡をとるように心掛けたいですね。

生活習慣プロジェクト

8月プロジェクト

準備
- ・採光、室温の調整
- ・布団　・タオルケット　・汗拭きタオル（ハンドタオル）
- ・オルゴールやクラシックなど優しい曲調のBGM

自分の布団がわかるかな？

○○ちゃんは○○ちゃんの隣だね

- ・自分の布団の位置を知らせる。
- ・うろうろしている子には名前を言い、気づかせる。

タオルケット上手に掛けられたね

○○ちゃん、とんとんしてあげるね

午睡までの行動を知らせる。

お昼寝すると、○○ちゃんの手や足が喜ぶんだよ

起きたらまた、○○してあそぼうね

休息すると元気になることを知らせる。

配慮すること／明日に向けて

○○ちゃん、眠れないの？

眠りに問題のある子は「くせ」なのか、一過性なのか見極める。

気持ちよく眠れてるかな？

SIDS（乳幼児突然死症候群）の危険はないか、睡眠中も一人ひとりの様子を観察し安全を確認する。

汗をかいて気持ち悪いから、拭こうね。ひとりで拭けるかな？

目覚めたら、汗を拭いたり着替えたりして不快感を取り除く。

安心して眠り、気持ちよく目覚めよう

2歳児クラス	18名
保育者	3名

保育の記録

12:50

トイレへ行った後、それぞれの布団に入り、自分でタオルケットを掛けて眠る態勢を整える。ぐっすり眠れるように、室温や衣服を調整し心地よい空間を作る。

タオルケットをうまく掛けられず「できない」と保育者に助けを求めたり、困っている友だちに手を貸す姿も見られる。できない部分は手を添えながら教え、友だちを助けたことを十分にほめた。

13:00

「先生、とんとんして〜」と保育者に要求する子もいれば、布団に入るとひとりで入眠する子もいる。甘えや要求にはなるべく応え、安心して入眠できるようにした。

13:05

午前中、同じ活動をしても個人差があり、なかなか入眠できないでいる子もいる。しばらくそばについて体をさすったり、背中を優しくたたき、入眠を促した。

13:10

まだ眠れない子もいて、「先生おしっこ出る」とトイレに行く。眠っている子もいるので、「静かに行こうね」と声を掛ける。暑くてタオルケットをはいだり、睡眠中もよく動くので、細やかに目を配り、掛けなおしたり、態勢を整え熟睡できるようにした。

アドバイス

子どもができる部分と保育者が援助する部分とを把握し、睡眠までの流れがスムーズにいくようにしましょう（複数担任の場合、役割分担）。気持ちに余裕を持ち、一人ひとりの子どもに適した接し方をしましょう。

子どもたちは毎日、保育者を見てまねをします。よい手本となる行動や言葉掛けをしましょう。忙しさから「早く！」「○○して！」と強い口調にならないように。ときには午睡前に絵本を読むなど静かな時間を持ち、気持ちをゆったりさせ安心感を与えましょう。

午睡中は、何よりも一人にしないこと、寝かせ方に配慮することが重要です。安全な睡眠環境を整えることは、SIDS や窒息、誤飲、けがなどの事故防止につながります。SIDS の発生率はうつぶせ寝の方が高いことが報告されています。安全確認を怠らないでください。

午前中のあそびや活動の量によって、入眠の早い遅いが出てきますが、日常的に入眠できない子もいます。家庭での就寝時間や起床時間が影響していることもあるので、家庭での様子を知る必要があります。逆に園での睡眠時間が長すぎて、家庭での就寝時間が遅くならないように注意しましょう。

生理的に欲求不足だったり、体調が悪いなどの要因があって眠れない子もいるので、原因を解決してあげましょう。睡眠中の事故にも注意が必要です。2歳児だから安心と思わず、よく観察し、睡眠中の体調の変化を常に把握できるようにしましょう。

P.90　保育ドキュメンテーションに掲載

好きな絵本をみつけよう！

絵本

好きな絵本を読みながら、静かに落ち着いたひとときを持ちたいものです。絵本に触れる機会を積極的につくり、見る楽しさ、読んでもらう嬉しさを伝えましょう。好きな絵本ができ、何度も読んでもらうことで、言葉の数を増やしていきます。

あそびプロジェクト

 準備　・絵本　・絵本をゆったり見られるスペースをつくる。
・保育者が必ずそばにいるようにする。

子どもが選びやすい本棚の作り方

本と本の間には余裕を持たせて取り出しやすく。本の背におはなし、図鑑、クイズなどのジャンル別に色の違うシールを貼って分類して片づけやすくする。

できるだけ子どもの目の高さに配置する。意識的に読みたいものを手前に置くなど配慮する。

子どもがリラックスできる絵本スペースのつくり方

特別な場所がなくても、絵本コーナーのそばに、テーブル・いす・ござを用意しただけで絵本コーナーのできあがり。

配慮すること／明日に向けて

絵本コーナーへレッツゴー！

習慣づけるために、できるだけ同じ時間帯に絵本タイムを設定する。

この絵はなんだろう？

絵に集中して物語を楽しめるように、読むだけでなく、アドリブを盛り込む。

青い空に浮かぶ白い雲、くじらかもよ？

絵から発想される新しい物語ができるかも？

保育ドキュメント

好きな絵本をみつけよう!

2歳児クラス	**18**名
保育者	**3**名

保育の記録

アドバイス

14:45

午睡後からおやつまでの間、絵本コーナーへ行き、自由に絵本を選んで見る。「絵本コーナーへ行こう」と誘いかけると、子どもたちは「やった、やったー」と大喜びで移動する。ひとりの保育者がそばにいる。

一日の活動にこのような時間を設けると、絵本を見る習慣がついていいですね。午睡から次の活動（おやつ）までの間にしたことで、長さも適切だと思います。また、自分の好きな姿勢で見てもよいことにすると、目覚めのすっきりしない子には、リセットできる時間（空間）となるでしょう。

14:50

毎日行くので、すぐに本を選び、見始める。お気に入りの絵本をみつけ「これ読んで」と保育者に持ってくる。読み始めると周りに数人集まり、一緒に見ている。絵本を見ながら、会話も広がっていった。

他の子と一緒に聞くと共感し合えたり、保育者の質問に答えられたりするので、保育者がそばにいるのはいいことです。保育者が、起きたばかりの乱れた服装や女の子の髪を整えるなど、子どもの体に触れながら会話をする様子は、家庭的で微笑ましいものです。

14:55

自分の好きな絵本ができ、毎日同じ本を選ぶ。他の子が見たがっても独占するため、けんかが起こるが、保育者が仲立ちとなり「先生が読むから一緒に見よう」と提案してみると、ともに納得し、その場は収まった。

みんなが見る絵本は、乱暴にすると破れるので大事にすることをその都度伝えるとともに、破れはそのままにせず早めに修理し、いつでもきれいな状態で与えましょう。「絵本係」の担当保育者をつくるのもいいですね。2段以上ある本棚では、子どもの視線より上の本は、手に取りやすいようときどき入れ替えましょう。

15:00

保育者のまねをして、友だちに読んで聞かせている。実際、字はまだ読めないので、知っている物語の内容を口にしたり、絵を見ながら話を創作していた。ごっこあそびに発展し、友だち同士楽しんでいたので、そっと見守った。

好きな絵本を何度も読み聞かせることで、言葉を覚え、話を作ったりする創造力や言語能力が養われます。保育者の、絵本に興味を持つような言葉掛けが必要です。加えて、保育者同士が、子どもの好きな本やつぶやきなどを話題にして伝え合い、子どもの成長を共有しましょう。

15:05

「お片づけをしましょう」の声掛けで、自分で見た本を片づけ始める。本棚に立てて並べず、上に積み重ねてしまう子もいる。保育者が手本を見せながら正しい片づけ方を丁寧に教えた。

「お父さんやお母さんに読んでもらおうね」などと声を掛け、家庭での読み聞かせにつなげましょう。園の絵本を積極的に貸し出しするなど、絵本に親しむ環境を提供していきましょう。

→ P.91 保育ドキュメンテーションに掲載

ワンダーぐみ　保育ドキュメンテーション　生活習慣

20XX年
8月

安心して眠り、気持ちよく目覚めよう

8月5日

2歳児の睡眠時間の目安は1日11〜12時間、そのうち昼寝は1〜2時間とされています。運動機能が急テンポで発達し活動量も多いこの時期は、疲れやすく、昼寝が欠かせません。昼寝は午前の活動の回復時間になり、午後の活動の原動力になるものです。毎日元気に活動できるように、昼寝の習慣をつけましょう。

カーテン・ブラインドなどで遮光し、気持ちよく眠れる環境をつくります。

おやすみ

起きたら
また
あそぼうね

なかなか寝つけないときは、背中を軽くとんとんとたたいてあげると、安心して寝られるようです。

汗を拭くときは、小さめのタオル（ハンドタオル）を用意すると、自分でできます。

子どもの成長・発達

「休息と活動のリズムを身につけること」をねらいとしました。子どもの心と体の健康には、「睡眠」が大切です。また、生活リズムが整うことが脳の活性化につながると言われています。午睡は午前のあそびの休息ととも に、午後のあそびの活動源となります。園では、心地よい入眠や目覚めのための光や換気、音などを工夫し、安全面（SIDS）にも配慮しています。
家庭でも午睡の習慣を続けて生活リズムを整え、健康に過ごせるようにしましょう。

ワンダーぐみ　保育ドキュメンテーション　あそび

20XX年

8月

好きな絵本をみつけよう！

8月15日

昼寝から目覚めておやつまでのひとときは、子どもたちの大好きな絵本タイム。皆それぞれにお気に入りの絵本をみつけて楽しんでいます。

今日はこれを読んでもらおう

絵本の貸出し。子どもが選んだ本を貸出しノートに記入して、家庭に貸出します。

子どもの成長・発達

「絵本と触れ合い、イメージを広げて楽しむこと」をねらいとしました。絵本を見る楽しさ、読んでもらう嬉しさを感じられるように「絵本タイム」を設けました。好きな絵本を何度も読んでもらうことで、子どもは言葉の音やリズムを楽しんだり、語彙を増やし、情緒や創造性を育んでいきます。家庭でも、就寝前などに絵本を読む習慣をつけ、親子のコミニュケーションの場としてみてはいかがでしょう。

9月

友だちと あそぼう

自然物・遊具

それぞれの要求がありながらも、少しずつ他者との関わりを意識し始めます。子どもたちの自発的行動や情緒を認めながら、ときとしてそれぞれの感情を言葉で表現する代弁者となり、自己そして他者の存在や感情も意識できるように働きかけましょう。

生活習慣プロジェクト

9月 プロジェクト

準備

・子ども一人ひとりの個性や行動パターンを把握しておく。
・子どもが他者との関わりを持てるあそびをいくつか準備しておく。

みんなで楽しくあそぼうね！

おもちゃは交代しながらあそぼうね！

自分ひとりではなく、周りに友だちがいることを知る。

ケーキやさんごっこしよう！

ケーキください。ありがとう。おいしいね

型抜きなどを利用して、簡単なごっこあそびをする。

みんなで大きな山を作ろうね！

みんなで砂を集めて。高ーくなーれ！

友だちと一緒にひとつのことに取り組むことを経験する。

配慮すること／明日に向けて

みんなでおままごとしてあそぼうね

まだ自分の思いで行動する年齢。強制や言い聞かせは避ける。

これが欲しかったのね でも黙って取っちゃダメよ

ぶつかり合いを経験することで自己と他者の存在を意識することを忘れない。

自分でやってみる？ 頑張ってるね、えらいよ

結果としてうまくできなかったとしても、決して責めない。

保育ドキュメント

友だちとあそぼう

2歳児クラス　**12**名
保育者　**2**名

保育の記録

アドバイス

10:00

戸外遊具入れから、子どもたちと一緒に砂場あそびの遊具を出した。

これからあそぶ遊具を一緒に用意することは、子どもたちに他者の存在や仲間を意識させるきっかけになります。

10:05

「友だちに砂がかからないようにね」「おもちゃは交代しながらあそぼうね」など、友だちと楽しくあそぶには約束事があることを伝えた。

約束事を理解し、自制できる年齢ではないけれど、友だちとあそぶときには約束事があることを少しずつ知らせ、経験させていきましょう。

10:10

型抜きをしながらお店屋さんごっこに導いた。保育者の「ケーキください」の言葉に「いいよ」「はい、どうぞ」などの言葉が返ってきた。また、砂山を作ることに誘い、砂が高く盛り上がることを保育者が驚き喜ぶと、「やったー」「高ーい、高ーい」と喜んだ。

保育者が仲立ちとなり簡単なごっこあそびに導くことで、子どもたち同士の言葉でのやり取りを学ぶでしょう。また、ひとつのことに複数で取り組むことにより、他者を意識したり仲間意識も育むでしょう。

10:20

他の子があそんでいる物が欲しくなり、手を伸ばして取り合いになったり「貸してくれない」と保育者に訴えてきた。

すぐに子ども同士のやり取りを止めたり、感情を無理に抑えるのではなく、保育者が互いの思いや感情を言葉にして仲立ちとなり、それぞれの思いがあることを知らせましょう。

10:25

友だちと山を作ったり型抜きをしながら、ままごとあそびに発展させている子もいれば、砂場あそびに飽きて砂場の外へ行き、思い思いのあそびをみつける子もいた。

これらのことは、満3歳以上の5領域につながり、さらには「幼児期の終わりまでに育ってほしい10の姿」の「協同性」「道徳性・規範意識の芽生え」につながることを意識しましょう。

10:30

「お片づけしましょう」と声を掛け、あそんだ遊具を保育者と一緒に片づけた。

あそんだ後、皆で遊具を片づけることによって仲間意識をつくりましょう。また、身辺整理の自立にもつながるでしょう。できるだけ楽しい雰囲気の中で行えるよう配慮しましょう。

→ P.96　保育ドキュメンテーションに掲載

9月ドキュメント

9月

運動会でノリノリダンス！

遊戯

もうすぐ運動会。遊戯の練習をしましょう。みんなで音楽に合わせて体を動かす楽しさを経験することで、体力をつけたりリズム感を養うことができます。まずは、子どもたちが楽しめるような、工夫や配慮をしましょう。

あそびプロジェクト

準備
・子どもが喜んで体を動かす「にんげんっていいな」を用意する。
・運動会で披露することを、事前に話す。

> この歌、知ってる？
> 今日は外で、運動会のお遊戯の曲をみんなで聴こうね！

運動会に向けて、遊戯の曲を聴き、練習をすることを知る。

> 先生のまねをして踊ってね
> 手を大きく上げるとかっこいいよ

保育者も大きな動きをするように心掛け、子どもも動きをまねて踊ることを学ぶ。

> みんな上手にできたね！楽しかったね。またやろうね！
> 楽しかった！もう1回！

踊り終わった後の気持ちよさを言葉にして、子どもたちと共有し、次回への意欲を高める。

配慮すること／明日に向けて

みんなで楽しく踊ろうね！

楽しい言葉掛けをして、意欲を高める。

今日は、先生と手をつないで踊ろうね

子どもの気持ちを受け止めながら、遊戯に参加できるよう個々に合った言葉掛けや対応をしていく。

みんな上手に踊れたね気持ちよかったね

ひとつの活動をみんなで行うことの喜びを伝える。

保育ドキュメント

運動会でノリノリダンス！

2歳児クラス	**18**名
保育者	**3**名

保育の記録

アドバイス

10:15

運動会で発表する「にんげんっていいな」の曲を聴く。「知ってる」という子や、曲を口ずさむ子もいる。その後、練習を行うため戸外へ行く。

戸外へ行く前に、運動会に期待を持ち、楽しく遊戯の練習ができるような話をしましょう。

10:20

園庭に描いてあるラインに沿って保育者に続いて歩く。入場曲が止まったら、全員で中央を向く。

子どもの列の前後、中間に保育者がつき、ラインの所を歩けるように声掛けをしましょう。行進曲は、子どもたちの知っている曲などにすると楽しい雰囲気で行えます。

10:25

遊戯の曲をかけ、一つひとつの動きを、声掛けをしながら踊る。楽しんで踊れている子には「上手だね」など言葉を掛ける。活動に消極的な子には「〇〇くん▶▶ちゃん、こうだよ」「頑張ってね」と声を掛ける。
声を掛けてもやらない子もいるが強制はしない。

保育者が体を大きく動かすことで、楽しさを知らせます。最初の頃は全体に向けて「上手だね」と声を掛けるのもいいですね。また、踊りながら曲を口ずさむことも楽しさにつながります。遊戯が苦手な子もいるため、無理強いはやめましょう。ときには手をつないで、安心感を持たせるといいですね。

10:30

踊り終え、「楽しかったお友だちは？」と保育者が声を掛けると、みんなが「はーい」と返事をする。「また明日も頑張ろうね」と意欲的な声掛けをすると、「はーい」と元気な声が返ってきた。

保育者の質問に、他の保育者も一緒に「はーい」と返事をするといいでしょう。保育者が楽しんでいる姿を見せることで、子どもたちも喜んで体を動かすようになります。最初は踊らなくても、少しずつ踊るようになる子もいます。やらないことを叱ったり責めたりせず、温かく見守りましょう。

▶ P.97 保育ドキュメンテーションに掲載 ▶

ワンダーぐみ　保育ドキュメンテーション　生活習慣

20XX年
9月

友だちとあそぼう

9月14日

手助けされることを嫌がったり、自分の思い通りにならないと激しく抵抗したりと自己主張がより強くなる時期ですが、友だちを意識し、仲間を欲し始める時期でもあります。

砂場あそびには、想像力を育むとともに、皮膚感覚を刺激する効果もあります。

子ども同士がぶつかり合ったら、互いの思いを言葉にすることで、他者の存在や思いに気づくよう保育者が仲立ちをします。

大人があそびを提供することも必要ですが、きっかけをつくったらその後は見守るようにしています。

友だちと一緒にあそんでいても、別なあそびに気持ちが向けば、その場を離れることもあります。

子どもの成長・発達

それぞれの自己主張が強い時期なので「他者との関わりを意識し一緒に活動する楽しさを味わうこと」をねらいとしました。保育者の仲立ちにより「ケーキください」「はい、どうぞ」などと、会話を通した他者とのコミュニケーションが増えてきています。砂山づくりでは、力を合わせて取り組む協同性の育ちが見られます。

子ども同士のぶつかり合いもありますが、他者の思いに気付き、譲り合いや我慢する気持ちを学んでいくために必要な過程です。

家庭でも、物事の善悪を知らせるときは、「ダメなものはダメ」と一貫した態度で接し、お子さんの我慢する気持ちや道徳心を育てていきましょう。

ワンダーぐみ

20XX年
9月

保育ドキュメンテーション　　あそび

運動会でノリノリダンス！

9月15日

運動会に向けて遊戯の練習が始まりました。「にんげんっていいな」の曲に合わせて楽しそうに体を動かしています。

練習の後半では、入場や退場などみんなで歩くことも覚えていきます。

運動会ではどんなことをするのかを話しながら、練習をしています。子どもたちも当日を楽しみにしながら練習に参加しています。

保育者の動きをまねて、楽しく体を動かしています。歌を口ずさんだり、保育者が体を大きく動かすことで意欲を高めています。

踊らなかったり、動きが止まってしまう子もいます。そんなときは手をつないで、温かく見守るようにしています。

子どもの成長・発達

「音楽に合わせて体を動かすこと」をねらいとしました。保育者自身が楽しく踊って見せることで、子どもたちにも表現したいという意欲にスイッチが入りました。ダンスの練習を通して、連続する動きを記憶して再現する力、リズム感や創造性、また、ひとつのことをみんなで行う協同性が育っています。他の子が踊るのを見ているだけの子もいますが、その子なりに見て楽しんでいるので、無理強いせず、自分からすすんで踊りの輪に加わるまで、言葉を掛けながら見守りたいと思います。

家庭でもお子さんのプレッシャーにならない程度に、運動会のダンスを楽しみにしていることを伝え、意欲につながるように励ましてください。

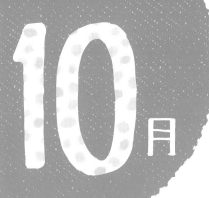

10月

パジャマにお着替え！

着脱

衣服の着脱は、ズボンやスカートを脱ぐのは簡単でも、上着を「着る」のはなかなか難しいものです。服の前後・左右・表裏の確認、手をどこに通したらいいのか……と様々な確認が必要です。まずは一つひとつ丁寧に確認しながら、ゆっくりと教えていきましょう。

生活習慣プロジェクト

10月プロジェクト

準備
・子どもが着脱しやすい服を用意する。
　○サイズが合っているもの　○襟ぐりが広いもの
　○ボタンが大きく通しやすいもの　○前後の見分けがつくもの

これから、脱いで新しい服を着ることを知る。

着る前に前後を確認することを学ぶ。

一つひとつの動作を理解しながら服を着ていく。

配慮すること／明日に向けて

ひとりでできないところは、先生と一緒にしようね！

自分で頑張っているときは見守り、難しいところはさりげなく手助けしていく。

この穴からボタンが出ていないね　ひとつずれちゃったかな？

間違いはさりげなく伝え、正しい着方を学ばせていく。

○○ちゃん、ひとりで着替えたの？　すごいね！

多少時間はかかっても見守り、自分でできたときはたくさんほめる。

保育ドキュメント

パジャマにお着替え！

2歳児クラス	12 名
保育者	2 名

保育の記録

アドバイス

12:10

給食後、歯みがきがすんだ子から順番にパジャマに着替える。「パジャマ、着ていい？」と、はりきる子もいる。

2歳児クラスは順次満3歳を迎えるので、満3歳以上の5領域への移行を意識して対応したり、計画を立てましょう。

ズボンやスカートは自分で脱げるが、トレーナーはなかなか脱げず「して〜！」「できん……」と保育者を頼ってくる子もいる。

ひとりでできる子も、ときには甘えから手伝ってもらおうとすることがあります。子どものやる気・意欲を高める言葉掛けを行いながら、自立を促すためにも、自分でできるところは見守り、やり方を教えていきましょう。

12:20

「先生、とまらん……」「どっちが前？」「こうでいい？」と、ボタンをなかなかとめることができない子、ズボンを前後逆にはいている子、ボタンを掛け違いながらも一生懸命に自分で着替える子と様々に着替えている。

子どもが自分で頑張って取り組んでいるときには、必要以上に手を出さずに見守ることも大事です。必要に応じて、手助けしましょう。

一人ひとりの様子を見ながら、手を添えてボタンのとめ方を教えたり、前後やボタンの確認を一緒に行いながら着替えをした。

間違っていても、まずは自分で着られたことを大いにほめ、子どもの意欲・自信につなげていくことが大事です。その後、丁寧に確認しながら着替え直していきましょう。

なかなかうまく着替えられずにいたので、保育者が手伝おうとすると「自分でする！」と嫌がる子には、そばで見守ることにした。

子どもの「自分でやりたい！」という気持ちを尊重していきましょう。

「できたよ！」「かわいいでしょ」と着替え終えると、嬉しそうに見せに来る子も……。

一人ひとりのペースに合わせて、ゆっくり見守っていきましょう。

12:30

全員、パジャマに着替えることができた。

P.102　保育ドキュメンテーションに掲載

10月

笑顔がいっぱい にこにこ旗

造形

それぞれ自分の顔を描き、運動会で飾る旗を作りましょう。2歳になると、殴り書きを楽しむ段階から、少しずつ自分でイメージする物や形、色を描いて表現するようになります。のびのびと描く楽しさを経験させましょう。

あそびプロジェクト

準備
・クレパス　・白画用紙
・顔の形の各色の色画用紙　・下敷き

今日はこの紙にお絵描きしましょう

顔の形の各色の色画用紙やクレパスを用意する。

これは何の形？
そう、顔の形ね
顔には何がついてるかな？

顔には何を描けばよいか、イメージする。

目がふたつあるね

口や鼻もあるね

具体的にどんなふうに描くか、創造力をふくらませる。

10月プロジェクト

自分の顔を描いてみよう

子どもが描くのを見守る。

配慮すること／明日に向けて

**目を描こうか？
先生見て。どんな目が好き？**

保育者が一緒に描くことで、安心感と描く楽しさを伝える。

**大きな口の
かわいい顔ができたね**

人とは比較せず、その子のいいところを具体的にほめて、自信につなげる。

保育ドキュメント

笑顔がいっぱい にこにこ旗

2歳児クラス	12名
保育者	2名

保育の記録

アドバイス

10:30

クレパス・下敷きを用意し席につく。
顔の形を貼ってある色画用紙を見せ、顔には何がついているか一緒に考える。「目」「鼻」「口」「まゆ毛」……と様々な声があがる。「そうだねぇ！ 笑っている顔、楽しそうな顔、悲しい顔、怒っている顔……みんなはどんな顔かな？ では、顔を描いてみましょう」と言葉掛けし、画用紙を配る。

机にはみだしたり……ということを気にせず、のびのびと描けるように、画用紙の下には下敷きを敷きましょう。

まずは描く前に、どんなものを描けばよいかイメージすることが大事です。考えたり、話したりしていくうちに、「あれを描こう！」「あっ、これもあったな！」と想像力がふくらんでいきます。

10:35

「目、ぐるぐる～！」「お耳はここ～」とダイナミックに大きく描く子、ゆっくり考えながら描く子、一気に描き終える子、と描き方やペースはそれぞれに違う。まだ、描けていない子がいたが、友だちの様子を見たり考えている様子なので見守る。

一人ひとり表現の仕方は違います。その子に応じた表現の仕方を、ゆっくりと見守っていきましょう。じっくり考えてから描き始める子もいます。せかしたりせずに想像力をふくらませる時間を大切にしていきましょう。

「先生、一緒に描こう……」と、まだ描くことに自信がない様子で声を掛けてきた子には、そばについて必要に応じて手を貸していった。また、「できたよ！」と描き終えた子もいた。

描くことに対して自信のない子には、「目はどこにあるかな～？」「そうそう、かわいい目が描けたね～」などと会話をしながら描き進めていきます。安心感を与えながら、描く楽しさを伝えていきましょう。

10:40

「いろいろな色を使って描いていいよ」と、さらにイメージが広がるように声掛けをすると、違う色のクレパスを使ったり、「髪の毛～」「ほっぺ、グルグル」と描き始める子もいた。

１色だけで描いたり、少し描いて終わってしまったり……と表現の仕方は様々です。それをきちんと認めていきながらも、ときには表現力を広げるために違う視点に目を向けるように言葉掛けをしていくことも必要です。

10:50

「○○ちゃんのお顔できたよ！」「見て見て！ ニコニコ～」と描き終えた子から次々に保育者に見せに来る。

具体的によいところをほめて、描くことの意欲・楽しさが高まるようにしていくことが大切です。

→ P.103 保育ドキュメンテーションに掲載

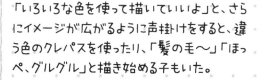

10月ドキュメント

ワンダーぐみ　保育ドキュメンテーション　生活習慣

20XX年
10月

パジャマにお着替え！

10月15日

服を自分で脱いだり着たりしたい！という意欲が高まってきている子どもたち。そこで、パジャマの着替えに挑戦しています。一人ひとりのペースに合わせて、スムーズに着替えができるように、子どもたちを温かく見守りながら手助けしていきたいと思います。

ボタンをとめるのが難しい子。「この穴に入れて、こっちから引っぱって……」と一つひとつゆっくり行います。

「どっちが前かな？」と、子どもたちと一緒に考えながら確認していきます。

脱いだ服がぐちゃぐちゃのままにならないように、服をたたむことにも挑戦しています。

子どもの成長・発達

服を「自分で脱いだり着たりしたい」という意欲が見られたので、「自分で衣服の着脱や片付けをすること」をねらいにしました。ボタンの掛け違いや、衣服の前後を間違えてしまうこともありますが、保育者は、子どもが「自分で頑張って着たことを大いにほめる」「子どもの気持ちやペースを尊重して丁寧に関わる」など、子ども

の自信や自己肯定感が高まるように関わっています。自力でできたことで達成感を感じ、主体的に生活を営む意欲も育っています。

家庭では時間に追われ、手伝ってしまいがちかもしれませんが、お子さんのやる気が育つよう、見守り、励ましていきましょう。

ワンダーぐみ

20XX年

10月

保育ドキュメンテーション　あそび

笑顔がいっぱい にこにこ旗

10月11日

もうすぐ運動会！　そこで運動会を楽しく盛り上げるために、子どもたちと旗作りをしました。「笑ってる顔〜」「にこにこお目め〜」と様々なイメージをふくらませながら描くことを楽しむ子どもたち。どんな顔が描けたかは、当日のお楽しみに！

クレパスの使い方の約束をくり返し確認し、大事に使うように伝えていきます。

まだ描きたい！という子には画用紙を用意。意欲的に取り組めるようにしています。

できた作品を飾ります。自分の作品をみつけて喜んだり、友だちの作品を見て、さらにイメージが広がっていきます。

子どもの成長・発達

自分の顔の旗作りは「イメージをふくらませながら描くことを楽しむ」がねらいです。絵を描く前には、「目・鼻」などのパーツを確認したり、「笑っている、怒っている、泣いている」など、いろいろな表情があることを話して、子どもたちのイメージを広げました。活動を通して、子どもたちの感性や表現力、創造力が育っています。

中には描くことに自信が持てない子もいますが、保育者が寄り添うことで安心感を与え、絵を描くことが楽しくなるように、関わっています。
家庭でも、絵を描くときはお子さんの思いを受け止め、描くことの楽しさにつながるように励ましてください。一緒にお絵描きを楽しみましょう。

11月

手伝いを してみよう

道徳

大人のしていることに興味を持ち、いろいろなことをやりたがる時期です。テーブルを拭いたり、物を配ったり、ちょっとした手伝いを経験させましょう。子どもなりに頑張る姿を認めてあげることが大切です。

準備
・日常生活の中で、一人ひとりの興味や関心を把握する。
・子どもたちの発達に合わせた手伝いを考える。
・当番制にする際は、月齢差を考慮してグループ分けをする。

保育者のしていることに興味を持ち、一緒にやりたがる。

保育者と一緒に手伝いをし、手伝いの楽しさを知る。

感謝されることで、達成感を感じ、「人のために役に立った」という自己肯定感を持つ。

配慮すること／明日に向けて

○○ちゃん、頑張ってくれたんだね。上手にできたね

子どもなりに手伝いをする姿を認め、満足している気持ちに共感する。

「○○くんがテーブルを拭いてくれたよ。きれいになったね」全員で「ありがとう」

先生や友だちに感謝される喜びを感じ、次回への意欲を高める。

みんな、したいんだね。順番にお当番さんをやってもらおうかな？

みんなのやりたい気持ちがかち合いトラブルになりやすいため、当番制にする。

保育ドキュメント

手伝いをしてみよう

2歳児クラス	12名
保育者	2名

保育の記録

アドバイス

14:45

保育者がテーブルを拭いていると「何をしてるの?」と興味を示す子がいた。おやつの準備をしていることを伝えると「僕もやりたい」と言って、手伝ってくれた。

子どもは、これまでの大人との強い関わりから、子ども自ら挑戦したり、自分の意志で主体的に行動するようになります。子どもの興味・関心を受け止め、様々な環境を用意しましょう。

14:50

感謝の言葉を伝えると、そのやり取りを見ていた他の子も「やりたい」と興味を示したため、一人ひとり順番にテーブルを拭いてもらった。

クラスのみんなが手伝いに興味を持った場合は、少しの時間でもいいので、みんなに手伝いをしてもらいましょう。

14:55

「早くちょうだい!」と、自分の順番を待ちきれずに、友だちの布巾を取ってしまう子もいた。「10数えたら、交代ね」と声を掛け、順番を待てるようにした。

みんながしたい手伝いですが、歌を歌ったり、数を数えたりすることで、待つ時間がわかりやすくなります。待つ時間を工夫することで、手伝いの期待も高まります。

15:00

拭き終えてから、手伝ってくれた子に「ありがとう」と感謝の気持ちを伝えると、嬉しそうな表情が見られ、「もっとやりたい」と言う子もいた。

「ありがとう」とほめられることで、「手伝いができた」という満足感が得られるとともに、「人の役にたつことができた」という自己肯定感も味わいます。手伝いに興味を持つ子どもが増えてきたら、当番制にしてみるのもいいでしょう。

→ P.108　保育ドキュメンテーションに掲載

11月ドキュメント

みんなで散歩に行こう

自然物・安全・道徳

散歩に行くと、五感を使って自然を体感することができます。絵本で見た、木や花を実際に自分の目で見る、手で触ってみるなど心地よさや気持ち悪さも体験できます。なぜ？　どうして？の疑問に一緒に考えるよい機会ですね。

あそびプロジェクト

11月プロジェクト

準備
・消毒セット、携帯電話、着替え2組、防犯ブザーなど、安全対策をしっかりと。
・事前に目的地とルートの下見と安全確認を行う。
・保育者同士の連携を確認する。

今日は何する？かくれんぼ？

散歩に行こうか？

出会った人には挨拶しようね

車・バイク・自転車の動きを見よう

信号の渡り方わかるかな？

散歩に期待を持たせる。ワクワク感を感じられる。

保育者がにっこり笑顔の挨拶を。子どもは保育者のまねをする。

危険な歩き方をしないように注意を払う。正しい交通ルールを学ぶ。

配慮すること／明日に向けて

みんなでみつけた葉っぱ いろんな種類があるね

名前や種類など図鑑で調べる。新しい発見があるかな？

触らずここから見ようね 触ると花が折れちゃうね

生きている動植物は触らない、持ち帰らないなど、自然を守る。

ダイナミックにあそぼう

つかむ・登る・跳ぶなどの経験をたくさんする。

保育ドキュメント

みんなで散歩に行こう

2歳児クラス	**12**名
保育者	**2**名

保育の記録 / アドバイス

9:45

子どもたちの人数確認をして、誰と誰が手をつなぐか相談する。子どもの意見も聞きながら、歩く速さに合わせて、順番や先頭と最後尾を決める。

散歩に行くときの約束を子どもたちとしっかり話し合いましょう。満3歳の5領域は、「幼児期の終わりまでに育ってほしい10の姿」につながることを意識して関わります。

10:00

子どもたちは周りをきょろきょろしながら歩く。友だちの家に近づき、「ここ〇〇ちゃんの家やで」と教えてくれる。「僕の家に来てもいいよ」と誘ってくれる子もいる。

子どもの気持ちになって歩くスピードを考えましょう。周りを見る、感じる、考えるための散歩なので、ゆっくり楽しめるようなコースを選んでください。

10:15

公園に寄り、落ち葉や木の実を拾おうと、ひとりずつビニール袋を渡す。「先生、こんなに取れた！」「いっぱい」と嬉しそうに話す。

子どもたちと、触ったときの感触を表現してみましょう。硬い、柔らかい、大きい、小さいなどいろんな表現がありますね。

10:30

地面を見ていて、アリとダンゴムシがいないと不思議そう。いつもならみつかる葉っぱや石の下を探すが、いないので、がっかり。

春にアリとダンゴムシであそんだ記憶を思い出したのですね。園でも同じなのか、探してみてもおもしろいですね。冬眠中のアリを発見できるかもしれません。

11:00

帰り道、足が重たいのか、つまずいたり、ころぶ子が続出した。その手当てをしながら、回避できなかったことを反省した。もう少し余力を残しての出発にするべきだった。

いろいろなことを想定して、散歩に行きましょう。少々のけがや汚れは、痛みや気持ち悪さを体験するいい機会です。保護者にもそのことを説明してください。

→ P.109 保育ドキュメンテーションに掲載

ワンダーぐみ　保育ドキュメンテーション　生活習慣

20XX年
11月

手伝いをしてみよう

11月15日

大人のしていることに興味を持ち、自分も同じことをやってみたいと思う時期です。「何だか楽しそう。やってみたい！」という気持ちに共感し、子どもの発達に合った手伝いを頼んでみました。大人がやったほうが早く、つい手を出したくなりますが、子どもが頑張っている姿を認め、見守っています。

園では、子どもの「やりたい」気持ちを大切にしています。テーブルを拭いたり、物を配ったりなど、簡単な手伝いをしてもらっています。

保育者がおやつの準備をしていると、「やってみたい」と言って、テーブル拭きを手伝ってくれました。

「ありがとう」と言って受け取ると、嬉しそうな笑顔を見せ、感謝される喜びを感じられたようです。

子どもの成長・発達

保育者がテーブルを拭く姿を興味深そうに見ていたので、「手伝いに興味を持ち、自分でやってみようとすること」をねらいにしました。きれいになったねとほめられて、子どもたちはだれかの役に立てたという喜びと満足感を味わうとともに、自己肯定感も感じています。また、おやつが用意できるまで、数をかぞえたり、歌を歌ったりして待つようにして、数えることや時間の感覚など、数の領域にも興味がひろがるように工夫しています。
家庭でも、お子さんが手伝いに興味を持ったときは、少しの時間でも手伝ってもらい、精一杯頑張った姿を認めてあげてください。

20XX年 11月 みんなで散歩に行こう

11月15日

散歩は子どもたちも大好き。「お外に行くんだって」と仲よしの友だちに報告！　もちろんその友だちも知っているのですが、"嬉しい"気持ちを友だちもちゃんと受け止めています。

安全や道徳に注意しながら、散歩の楽しさを満喫させたいと思います。

公園であそぶときの約束も真剣な顔で聞きます。子どもたちなりに、いつもとは違う雰囲気を察しているようです。「あそんでもいいよ」の言葉に走りだしました。

散歩に行くとわかると、子どもたちはそわそわ。早く行きたいので、行動もスムーズになります。いつもは行かないとトイレを渋る子も、すぐに行きます。帽子の着用もあっという間に完成！

園に残っている友だちに「行ってきます」の挨拶も大きな声でバッチリ。歩いているときは、みつけたものを口々に報告してくれます。保育者の「車来たよ」の声掛けにはさっと止まります。

子どもの成長・発達

「秋の自然に触れ、散歩を楽しむこと」をねらいにしました。散歩中には、絵本や図鑑で見たことのある木や花を、実際に目にしたり、手に触れたりできます。木の葉が散る様子や、アリやダンゴムシがいなくなっていることから、自然の変化や不思議を感じ取ることもできます。散歩中、交通ルールを守って行動したり、すれ違った人に挨拶したり、公園の遊具の正しい使い方を知ったりすることを通して、道徳性や規範意識も芽生えています。保護者の方も、雲の形が変わったり、風が冷たくなったことなど、季節の移ろいをお子さんと一緒に感じるひとときを持ってみてはいかがでしょう。こうしたことからも感性は育まれるのです。

12月

危ないってどんなこと？どんなところ？

危険なことや危険な場所を2歳児なりに考え、自分が生活する中で危険な場所や、危険なあそび方に気づかせましょう。子どもの気づきや、気づいてほしい部分を紙芝居やペープサートで表現し、安全な生活の仕方や危険な場所、あそび方や行動のルールを意識させていきます。

生活習慣プロジェクト

準備
・紙芝居
・ペープサート
・指人形

お部屋はあったかいね
ストーブで温めてるの

触っても
いいのかな

ストーブの危険を認識し、近づいたり触ったりしないようにする。

厚着と薄着と、どちらが
動きやすいかな？

衣服の調節に気づき、冬でも体を十分に動かす楽しさを知る。

ツリー、きれいね
コードに気をつけて

割れやすい飾りに
触っても
大丈夫かな？

触らない約束を守ることで、ツリーをみんなで楽しめることを知る。

配慮すること／明日に向けて

さわったり近づきすぎると
アチチになるよ！

ストーブなどに近づく危険性をペープサートや指人形などで視覚に訴えると同時に、具体的に危険な範囲を定め柵などを設置し危険のないよう配慮する。

いっぱい着すぎると
動けなくなるよ

寒さや、着ぶくれなどで動きを奪われ、路面凍結時などにも転倒の危険がある。危険な場所を実際に見て確認することも、安全や危険回避の意識を高める上で有効。

みんなで楽しむために
約束を守ろうね！

やってはいけない行為を紙芝居などで表現し、話し合い、言葉を引き出し、気づかせることで、何が危険なのかを意識するようになる。

保育ドキュメント

危ないってどんなこと? どんなところ?

2歳児クラス	**12** 名
保育者	**2** 名

保育の記録

アドバイス

10:00

玄関ホールに飾られたクリスマスツリーに、子どもたちはとても興味を示したので、全員で見に行くことにした。そばに来た途端、早速飾りに触ろうとしたので、あわてて「触ると壊れるから触らないで見てね」と注意する。

子どもたちの興味や関心に応えたのはよかったと思います。また、やってはいけないことをその場で示したのもよかったと思います。ただ前もって約束事をしておき、できるだけ興味や感動を途中で分断しないようにすべきでした。

10:10

子どもたちは、触らないで見るという約束をがんばって守っていた。いろいろな飾りに顔を近づけ、飾りについての質問や会話がはずんだ。一人ひとりに応えながら、クリスマスを楽しみに待つことを話す。

自分の知識を確認するために、たくさんの質問をする時期です。一人ひとりの質問に答えてもらった子どもたちは、きっと満足したでしょう。質問に答えるだけではなく、個々との会話の中から発達の状態を確認するようにしましょう。

10:15

クリスマスツリーを見て部屋へ戻ろうとしたとき、近づき過ぎた子が点滅ライトにつながるコードに興味を持ち引っぱったことで、ツリーが倒れそうになる。

ツリーが倒れず、けがをする子もなくて、よかったですね。でも子どもの目線を忘れないようにしましょう。大人が気づかないところに、危険はいっぱい潜んでいます。コードだけでなく、コンセントに指を入れる事故もあります。気をつけましょう。

10:20

部屋に帰り、指人形とツリーのペープサートを使い、さっきの子どもの行動を即興の物語にし、危険がどこに潜んでいるか、どうしたら危ない目にあわないかを話し合った。経験したことなので、子どもからはたくさんの意見が出た。

指人形とツリーのペープサートを使い、自分たちの行動を再確認させたことはよかったと思います。お話で追体験したことで危険の再確認と安全への意識が高まったと思います。事故が起きてからでは大変です。この話し合いはツリーを見に行く前にやるべきでしたね。

→ P.114 保育ドキュメンテーションに掲載

キラキラピカピカ 不思議がいっぱい 造形

街がきれいなイルミネーションであふれる年末。色水に光る素材を入れて、そのきらめきを楽しみましょう。「何だろう」「不思議」と子どもは様々な発見をします。その発見を保育者が受け止め、共感することが次の活動につながります。子どもの興味を広げ、あそびへ展開できるような環境を準備しましょう。

準備　・ペットボトル　・色水
・キラキラテープなどの光る素材

ピカピカしてる きれい〜！

本当だ！ ピカピカしてるね

日の当たる所に、水の入った ペットボトルを置いておく。

入ると どうなるかな？

子どもたちの見守る中で、ペットボトルに絵の具を落として色をつける。

おもしろーい

あーっ！

子どもの様子を見守る。

キラキラ 入れて

一緒に入れて みようか？

おもしろーい

あーっ！

ペットボトルに、キラキラ光る 素材などを入れる。

子どもの様子を見守る。

▶ 配慮すること／明日に向けて

一人ひとりの子どものあそびやつぶやきを拾い上げて、明日の保育の環境を準備していく。

保育ドキュメント

キラキラピカピカ 不思議がいっぱい

2歳児クラス	12名
保育者	2名

保育の記録

アドバイス

10:30

園庭に置いてあった水のペットボトルに太陽の光が当たっているのを見て、〇〇ちゃんが「ピカピカしてる！ 見て見て」と言う。「本当だ。ピカピカしてるね」と保育者も一緒に見る。

子どもの思いを受け止めるには、言葉だけではなく、目と目を合わせるなどの仕草も必要です。

10:35

水の入った透明なペットボトルに赤や緑・黄色の絵の具を落としてみせると「うわ～！」と目を輝かせる。すると「何してるの？」と2～3人が近づいてきて好きな色のペットボトルを持っていく。「私のは赤」と持って、縦横に思いきり振り、友だちと目を合わせ「にこっ」とする姿がある。

友だちがしていることに「おもしろそう」「私もやってみたい」というように、周りの行動に興味を持つ時期です。子どもの興味や関心が広がるよう、子どもの行動を予測し、見通しを持って素材を準備しましょう。

子どもが好奇心からした、「振る」という行為を十分に認め、見守りましょう。

10:40

保育者がペットボトルを光にかざし、「うわ～きれい！」と言って見せると、まねして光にかざし、「青のピカピカ」と喜ぶ。

子どもが主体的に行動するような言葉かけの工夫や、環境設定をしていきましょう。

10:50

保育者が色水の中にキラキラテープを入れ、子どもの前で振ると「うわ～」「きれいやなあ」と声があがり、「僕のにも入れて」と催促する。振り終わった後に、テープがゆっくり水の中で動く様子を見て、ゆっくりとペットボトルを動かす子もいた。

「きれいだな」「不思議だな」と、光が作りだす不思議な現象に興味を持つ姿が見られますね。不思議だなという子どもの心情を汲み取り、気づきや発見につなげていく中で、あそびが発見できるようにしましょう。
子どもがゆっくりとペットボトルを動かす様子は主体的でいいですね。「主体的・対話的な深い学び」になるようなあそびにしていきましょう。

11:00

最後に「赤」「黄色」「緑」と並べてみると、様々な色がキラキラしている様子を見て「もっとしたい」という声が聞かれた。

→ P.115　保育ドキュメンテーションに掲載

ワンダーぐみ　保育ドキュメンテーション　生活習慣

危ないってどんなこと？ どんなところ？

12月1日

季節の環境構成として、ホールにはイルミネーションがきれいなクリスマスツリーが飾られました。自分たちで部屋にもツリーを作り、大好きなサンタクロースが来るのを楽しみにしています。

厚着でフードつきの衣服を着ている子が舞台へ上がろうとするのを、友だちがフードをつかみ首を絞める形になっています。衣服の種類や着せ方にも注意が必要です。

ツリーに潜む危険を子どもたちと話し合います。おもちゃを使い「コードをひっぱるとどうなる？」「電気が消えちゃうよ」「倒れるよ」など自分の考えたことを話し合い、どうすると危ないのか、どうすれば安全にあそべるかに気づいていきます。

午睡の準備などで片づけたテーブルも、危険を誘発する要因になります。片づける場所や重ね方を工夫し危険な関わりをしないように指導しています。

子どもの成長・発達

ホールのきれいなクリスマスツリーも、間違った関わり方をすると、思わぬ事故につながってしまいます。そこで「園生活の危険について知り、守ろうとすること」をねらいとして、園生活に潜んでいる危険について話し合ったり、ペープサートで視覚的にわかりやすく説明しました。安全な生活の仕方や危険な場所を知り、ルールを守る大切さへの意識が高まっています。

子どもは好奇心旺盛です。思わぬものに興味を持って触ったりしますが、往々にして危険が潜んでいます。しかし、危ないからとただ禁止するのではなく、好奇心が満たされるように、安全に関わる方法を丁寧に知らせましょう。

ワンダーぐみ

20XX年

12月

保育ドキュメンテーション　あそび

キラキラピカピカ 不思議がいっぱい

12月15日

12月、様々な光やイルミネーションが街中にあふれている中、色水に光る素材を入れて、光を当ててキラキラさせてあそびました。あそびを通して子どもがいろいろな発見をし、創造力を伸ばし、感性を育むことが、自発的な学びの原点になります。

２歳児は自分の思いを仕草や言葉で伝えることができるようになる時期です。子どもの発見や気づきに寄り添い、共感していきます。

子どもの好奇心や「やってみよう」を認め、見守っていきます。

「もっとしたい」「どうなるかな?」自分で考えたり創造力を伸ばせるよう、保育者はさりげなく声を掛けたり、いろいろな素材を準備します。

子どもの成長・発達

クリスマスを控え、街はカラフルなイルミネーションや光にあふれています。「色水の不思議や発見を楽しむこと」をねらいとして、キラキラ光る色水あそびをしました。絵の具を落とすことによる色の変化や、ペットボトルを光にかざして、キラキラ光る不思議をしきりに試しているのは、「なぜ?　どうして?　知りたい!」という好奇心や想像力の現れです。子どもの発見に「そうだね」と共感することが、次の「知りたい」につながります。家庭でも、お子さんの「なぜ?　不思議!」の思いを大切に受け止め、共感していきましょう。

1月

造形

初体験！
はさみチョキチョキ

指先の操作性が高まり、握る力がついてきたら、はさみを使ってみましょう。はさみに関心を持つための第一歩として、1回切りから始めます。危険のないように、少人数のグループで行い、一人ひとり丁寧に使い方を伝えていきましょう。

準備
・子どもの利き手と手の大きさに合ったはさみを選ぶ。
・切りやすいように、紙は幅1cmぐらいの細長いもの。満足できるように、紙は多めに用意する。切った紙を入れる箱も準備する。

お父さん指を下の輪っかに入れるよ

お母さん指とお兄さん指は上の輪っかに入れてね

保育者の見本を見ながら、握り方と刃先の向きを知る。

はさみの口を開けるよ　グーパー　グーパー

保育者に手を添えてもらって、はさみの開き方を知り、閉じたときに切れることを理解する。

チョッキンしてみよう

指を切らないように、よく見てね

紙を持つ手を切らないように注意して、くり返し1回切りを楽しむ。

よいはさみの選び方

握るより開く方が難しいこと、安全面などを考慮して選ぶ。
・利き手に合っているもの
・手のサイズに合っているもの
・刃先が丸いもの
・刃の合わせがしっかりしているもの
・止め具がぐらつかないもの

※切れるはさみがよいかどうかは、2歳児の発達上、対応力という点で賛否両論あります。

配慮すること／明日に向けて

はさみを振り回したり、人に向けてはいけないよ　ふざけると、けがしちゃうよ

保育者が正しい使い方を見せながら知らせ、安全面に配慮する。

一緒に動かしてみよう　輪っかをおなかに向けてね

保育者が手を添えて、持ち方や動かし方を一人ひとり丁寧に伝える。

保育ドキュメント

初体験! はさみチョキチョキ

2歳児クラス	**14**名
保育者	**3**名

保育の記録

アドバイス

10:10

一人ひとりに目が配れるように、4〜5人のグループを作った。はさみを使った製作を行うことを伝えると、興味を示した。席に座りひざに手を置くよう声を掛けて、個々にはさみを配った。

はさみに興味が持てるような、活動の導入が大切になります。保育者が楽しんで切って見せることで、より興味が高まるでしょう。

10:15

約束事として、はさみを友だちに向けない、ふざけないなどを伝えた。早く持ちたがる子がいたので、安全への配慮から「手はひざに置こうね」と伝え、はさみの持ち方を説明した。

目の前にはさみがあると、つい触ってみたくなるので、説明をした後に配ると、安全に行えます。約束事は、子どもたちとくり返し確認していきましょう。

10:25

保育者が個別に手を添え、はさみを握らせた。刃先を自分に向けてしまう子がいたので、「手首をおなかにくっつけようね」と声を掛けた。

少人数で行う利点は、丁寧に一人ひとり指導できることにあります。保育者の言葉による説明に加え、手を添えて実際にはさみを握らせると、とてもわかりやすいでしょう。

10:30

親指と人差し指がくっつくと「グー」、離れると「パー」になることを伝えた。みんなで「グーパーグーパー」と声を出しながら、はさみの動かし方を練習した。はさみを動かさずに言葉だけ言う子もいた。

動かし方がわからない子には、一緒に持って動かし方を知らせましょう。くり返し行うと、上手に使えるようになります。

10:35

保育者が紙を持ち、はさみで切って見せると、「僕もやりたい」と意欲を見せる子がいた。紙を持つ手の位置に気をつけながら、切るように伝えた。集中して行う姿が見られ、切り終えると「もっとやりたい」という子もいた。切れた喜びを共感した。

はさみの持ち方がぎこちない子や、指先に力が入らず、刃先が不安定になってしまう子もいます。手首がまっすぐになるように持って、腕をテーブルに固定し、刃先が安定するように配慮しましょう。

→ P.120 保育ドキュメンテーションに掲載

1月 ドキュメント

積み木はいくつ？

1月プロジェクト

環境

生活の中で数と量を表す言葉は、気持ちを伝える大事な手段です。「少し」「たくさん」などの表現でコミュニケーションをとることのくり返しが、数字と数字がつながりを持っていたり、量がわかるようになるための入り口となります。

あそびプロジェクト

 準備 ・積み木、時計、絵本などあそびながら数に親しめるものを用意する。

3歳になった

15日が誕生日なの？

1から31までの親しみのある数字に触れる。

折り紙いっぱい欲しい

最初は1枚だけね

数と物が一致するやり取りをして、1対1の概念が理解できるようになる。

15分になったら外へ行こう

かくれんぼしよう！

数を数えながら、時間の概念にも少しずつ慣れていく。

配慮すること／明日に向けて

すごい！ 大きい山と小さい山が作れたね

あそびながら数量の違いを認識する。

積み木はいくつあるかな？高く積めるかな？

数の多さを高さで実感して、数の概念を身につけていく。

これから誕生会をするよ食べきれないほどの大きなケーキを作ろう

あそびながら、大きさの概念を広げていく。

保育ドキュメント

積み木はいくつ?

2歳児クラス　**12**名
保育者　**2**名

保育の記録	アドバイス

9:30

積み木あそびをした。数はたくさん用意したけれど、トラブルにならないように子どもたちと友だちの積み木は取らない約束をした。積み木のあそび方をうまく伝えられるかドキドキした。

設定保育のねらいや内容に基づいて、予想される子どもの姿を何パターンも考えておきましょう。

9:35

今日は、形や色の違いがわかり、1個や2個の簡単な数の違いを子どもたちが学べるようにしたい。興味を持てるように、質問形式で導入する。

子どもの反応を見ながら言葉掛けをすることが大切です。早く好きなようにあそびたい子どもの心を引きつける、楽しい質問だといいですね。

9:40

多い、少ないは月齢の高い子どもは理解できているようで、質問に正確に答える。でも、月齢の低い子どもはほかの子どものまねをして答えている感じ。

一人ひとりの理解度をよく見てください。わからない子どもへは、指で数える方法もあります。

9:50

積み木の数の違いは見ただけでは理解しにくいようなので、積み木を1個と30個に分けて、子どもたちと重さ比べをした。持ってみると、重さの違いにびっくりしていた。

みんなが平等に持てたのかなと少し気になりますが、体験することで、子どもの注意や興味を引き寄せられたと思います。

10:00

分けた積み木30個を高く積み上げると、どちらが高いか、子どもたちにもはっきりわかって大喜び。30個を目標に子どもたちも積み始めた。

競争しながら、数も意識して取り組めますね。30が多い場合は、10などの身近な数字でもいいでしょう。

→ P.121　保育ドキュメンテーションに掲載

20XX年

1月

初体験！ はさみチョキチョキ

1月15日

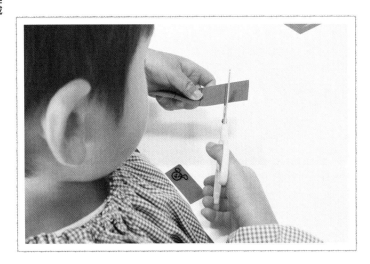

指先が器用になり、握る力がついてきたので、はさみに挑戦しました。そのスタートとして、まずは少人数のグループに分かれて、「1回切り」から始めてみます。安全に使えるように、「友だちに刃を向けない」「ふざけない」などの約束事を伝え、子どもたちのペースに合わせてゆっくり進めていきました。

ふたつの持ち手に親指と人差し指、中指をしっかりと入れて、持ってみました。はさみは危険を伴う物なので、使い方や約束事をくり返し伝えていきます。

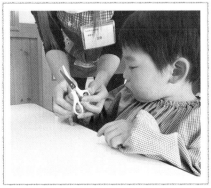

いざはさみを握ってみると、ぎこちない子も……。保育者が手を添えながら、持ち方や握り方を丁寧に伝えていきます。

初めての挑戦でしたが、みんな上手に切れました。これからの製作活動の道具として、取り入れていきたいと思います。

子どもの成長・発達

指先の操作性や握力がついてきているので、「はさみを使うことを楽しむ」をねらいにしました。
保育者に手を添えられて、はさみの開閉の仕方や約束事などを丁寧に教えてもらうことによって、子どもたちは道具を使う楽しさを知り、「もっとやりたい」という意欲が育っています。
家庭でも、はさみであそぶときは保護者の方が安全に配慮してください。はさみで切ろうとする意欲をほめたり、上手に使えた喜びに共感したりしながら、一緒に楽しみましょう。

ワンダーぐみ　保育ドキュメンテーション　あそび

20XX年 1月

積み木はいくつ？

1月15日

積み木は、保護者の方も小さいときにあそんだ身近な玩具でしょう。
園では、ひとりあそびもできるし、友だちと協力して作れたりもするので、子どもたちも大好きな玩具です。

積み木を積み重ねていく男の子。こんなときは、そっと様子を見守ります。頭の中でイメージしたものを話しながら進めるときと、集中して取り組むときとがあるからです。できたときは、子どもが必ずサインをくれますよ。

やっと完成に近づいてきました。さあ、どれだけ積めたかな？と聞くと「いっぱい」。いっぱいっていくつ？とまた聞くと「……」でした。数で表現できないときは量で表現することを、積み木あそびをしながら体験したようですね。

「一個ちょうだい」と、仲良く積み木を分けて使います。一個に思いが込められているのか、相手の選んだ積み木に「こっちがいい」とケンカにはなりません。一個積むことに集中しているからかもしれません。

子どもの成長・発達

「数に触れ興味を持つこと」をねらいとして、積み木を使った簡単なかずあそびをしました。「かず」の理解には個人差があるので、少人数で関わりました。
「どっちが重いかな？」「どっちが高いかな？」など、保育者の質問に答えることを通して、子どもたちに重さ、高さなど、「かず」の概念の基礎が育っています。
抽象的な「かず」の概念を理解するためには時間がかかります。家庭でも積み木や時計など、生活の中で「かず」に触れながら、好奇心や探求心を満たしていきましょう。

2月

手洗い・うがいをしよう

衛生

感染症の流行する季節。手洗い・うがいの大切さや仕方を伝えていきながら少しずつ習慣づくよう促し、健康に過ごせるようにしていきましょう。

生活習慣プロジェクト

2月プロジェクト

準備
・手洗い・うがいなどに関する絵本など一緒に見ながら興味や関心を高めておく。
・タオルやコップなど、清潔にしておく。

先生と一緒にしてみようね

指の間もこうやって洗うんだよ

保育者の手洗いをまねしながら、手の洗い方を学ぶ。

ペーパータオルで手を拭くよ

一連の流れを知り、きれいになった心地よさを知る。

のどのばい菌をやっつけようね

のどがすっきりしたね

うがいの大切さやうがい後の気持ちよさを知る。

配慮すること／明日に向けて

袖をきちんと上げないと、ぬれちゃうよ

できないときは援助をしながら、袖を自分で上げられるようにする。

このくらいの量が、ちょうどいいよ

一緒に蛇口をひねりながら適度な水量を知らせていく。

ばい菌をやっつけて、きれいになったね

きれいになったことを一緒に喜んだりほめたりして、次への意欲を高める。

保育ドキュメント

手洗い・うがいをしよう

2歳児クラス **12**名
保育者 **2**名

保育の記録 / アドバイス

10:00

手洗い・うがいの大切さを絵本などで知らせ、仕方を再確認しながら丁寧に行うようにした。

言葉だけでは子どもたちに伝わらないものも、絵本や紙芝居を通して身につくことがあります。楽しい環境の中で、子どもたちに知らせていきましょう。

10:10

袖が上げにくかったり、水を出し過ぎたりと、援助が必要な子どもには声を掛けたり手を貸したが、ほとんどの子どもは自分でできていた。

やる気は十分でも、まだまだ自分でできないところもあります。保育者の見守りの中で達成感を味わえる環境があると、子どものやる気が伸びてきます。自分でしようとする子どもの意欲を活用していきましょう。

保育者も手を一緒に洗いながら、手の甲や指の間など、洗い方をまねして丁寧に行えるように指導していった。

衛生のポイントなどは時間をかけて行い、子どもたちにどうして大切なのかを伝えていきながら丁寧に接していきましょう。

10:15

ペーパータオルで拭くときに、手の甲や手首など拭き忘れている子どもがいたので「まだぬれている所はないかな?」と聞くと、気づいて拭く姿が見られた。

保育者が指摘をするのではなく、子どもたちのほうから気づくような言葉掛けをすることは大事ですね。今後も子どもたちが気づくような言葉掛けを心掛け、注意して見るような子どもに育てていきましょう。

10:20

うがいも保育者と一緒に「あー」と声を出しながら行った。上手に手洗い・うがいができたことをほめたり、手やのどが気持ちよくなったことを伝えていった。

うがいの方法を子どもたちに知らせることは難しいですね。子どもが理解できるような言葉掛けを考え、一緒に行い達成感が味わえるようにしましょう。

→ P.126 保育ドキュメンテーションに掲載

123

2月 ドキュメント

ハンカチ落としであそぼう

伝承あそび

今や伝承あそびになりつつあるハンカチ落としのルールを理解し、友だちとゲームができるようになりました。ハンカチを使う簡単なあそびから始め、徐々にルールをつけ加えていきましょう。ルールを守る大切さを知らせます。

あそびプロジェクト

2月プロジェクト

・ハンカチ
・広い場所を用意する。危険な物があれば移動させ、安全に注意する。

隣の人にハンカチをまわしてみよう！

輪になって座り、ハンカチをまわしてあそぶ。

誰かの後ろに、そっと落としてね

ひとりがハンカチを持って周りを歩き、誰かの後ろに落としてみる。

ここに座ったらいいよ

〇〇ちゃん逃げるのが上手だね

落とされた子はハンカチを取って追いかける。落とした子は逃げ、空いた所へ座るというルールを教える。

配慮すること／明日に向けて

強く押したらころぶから優しくタッチしてね

安全にあそぶためにはどうすればいいか知らせていく。

見ているだけでもいいよ

中には追いかけられるのが嫌な子ども も。無理に誘わずに個別に対応していく。

くやしかったね次は先生としてみようか

子どもの気持ちに寄り添いながら、あそびに参加できるようにする。

保育ドキュメント

ハンカチ落としであそぼう

2歳児クラス	12名
保育者	2名

保育の記録

アドバイス

10:00

みんなで輪になり、ハンカチを素早くまわすなどハンカチを使ってあそび、少しずつルールを加えながらあそんでいった。

みんなで同じあそびをすることは、とてもいいですね。みんなとあそぶのが楽しいと思える環境を整えましょう。

10:05

慣れてきたら、ハンカチ落としのルールを知らせながら、保育者がやって見せたり、子どもの手を引いて一緒にしてみた。

みんなと楽しくあそぶには、ルールを守ることを知らせなければなりません。まだまだ理解が難しい時期なので、子どもの理解力に合った説明を心掛けましょう。

このことは「幼児期の終わりまでに育ってほしい10の姿」の「協同性」「道徳性・規範意識の芽生え」につながることを意識しましょう。

10:08

初めは保育者が手を引きながらくり返しあそんでみると、大体のあそび方を理解したようだった。自分でしようとする子どももおり、見守った。

保育者が楽しくあそぶ姿を見て、自分もしてみたいと思うようになります。積極的にあそび始めた子どもに対して、見守ったことはよいと思います。

10:10

逃げるのに夢中で何周も走ったり、ハンカチを落としても逃げようとしなかったりする子どももいた。その都度、ルールを確認するようにした。

ルールばかり気にするのではなく、楽しくあそぶ子どもの姿をまず認め、あそびながら少しずつルールを確認し合うようにしましょう。

10:20

少しずつルールがわかり、自分たちであそんでみようとする姿が見られた。中にはころんだり、当てられたのが嫌で泣いたりする子どももおり、個別に対応する場面もあった。

他の子どもがしているのをまねしてあそぼうとする時期ですが、まだトラブルも多いです。子どもの不安に共感したり、励ましていきながら、友だちと関わる方法を知らせていきましょう。

→ P.127 保育ドキュメンテーションに掲載

2月ドキュメント

ワンダーぐみ　保育ドキュメンテーション　生活習慣

20XX年
2月

手洗い・うがいをしよう

2月13日

外から帰ってきたときや食事の前には、手洗い・うがいを行い、衛生習慣が身につくようにしています。感染症の予防には手洗い・うがいが重要です！　保育者が手本を見せながら一緒に行い、丁寧な手洗い・うがいを心掛けます。

手を拭くときは感染予防対策として、ペーパータオルを使い、その後消毒しています。

なぜ手洗い・うがいをしなければならないのか、紙芝居などを通してあかりやすく伝え、その大切さを知らせていきます。

保育者も一緒に行いながら、手洗い・うがいの手順を知らせていきます。

丁寧にできたことをほめたり気持ちよさを伝えたりして、進んで手洗い・うがいが行えるようにしていきます。

子どもの成長・発達

2月は、インフルエンザなどの感染症が1年の中で一番流行する時期です。園では、「手洗い・うがいの大切さを知り、健康に過ごすこと」をねらいとして、絵本や紙芝居でわかりやすく伝えたり、保育者が実際にやって見せています。子どもたちも手順や要点を知り、自分からすすんで取り組むようになりました。健康に過ごすことへの意欲が高まっています。

家庭でも、お子さんと一緒に手洗い・うがいを行い、「ばい菌が体の中に入ったら、風邪をひいちゃうかもしれないね」「きれいにして、ばい菌とさよならしようね」など、衛生的に生活することの大切さを、くり返し伝えていきましょう。

保育ドキュメンテーション　あそび

20XX年 2月

ハンカチ落としであそぼう

2月15日

2歳児も年度後半になると集団あそびができます。集団であそぶためにはルールを守らなければなりません。簡単なルールのあるあそびを通して、みんなであそぶ楽しさを分かち合いました。

まずは輪になってハンカチを隣の友だちに渡すゲームをするなど、簡単なあそびから楽しみました。

慣れてきたので、ハンカチ落としのルールを伝え、初めは保育者も一緒に加わりました。あそび方を体験や目で見ることを通して理解できるようになってきました。

中にはころんだり、負けて泣く子どもも。気持ちに寄り添いながら言葉を掛けると、自分を落ち着かせることもできます。

子どもの成長・発達

「友だちと一緒にルールを守り、楽しくあそぶこと」をねらいに、クラス全員でハンカチ落としをしました。隣の人にハンカチ渡しをしていくことから始め、少しずつルールを加えていったので、子どもたちはあそびのルールを理解し、ルールを守ると友だちと楽しくあそべることがわかったようです。

ルールを守ることは、社会性や協調性、自己統制力などを身につけることにもつながります。

家庭でも、ルールを守れたときには大いにほめ、ルールを守ろうとする気持ちを育んでいきましょう。

3月

進級に向けて

環境・会話

年度末になると、生活の積み重ねにより、保育者の手を借りなくてもできることが多くなってきます。3歳児クラスへの進級も間近です。運動・排泄・食事など、友だちと関わりながら楽しく過ごす時間も、増えてきます。短時間であれば集中して、製作に取り組んだり、並んで歩けるようにもなります。友だちとの関わりは、自分を成長させるものでもあります。

準 備　・3歳児の朝の会に参加できるように、保育者同士確認しておく。

> 並んでー
>
> ケンカ
> しないよ!
>
> まってー!

3月生まれの2歳児は、話を聞いて行動できる他の2歳児とは行動に差が出るため、職員の数も多くなっている。

> みなさーん
> おはよう
> ございます!
>
> おはよう
> ございます!!

お兄さん・お姉さんの前に行くと、自分たちも頑張って立派にしようとする。まねっこも成長の証。

> ○○ちゃん
> じょうずにお返事
> できましたね
>
> はーい!

元気なお返事もまねっこで覚えたもののひとつ。

配慮すること／明日に向けて

**熱があるみたいね
早く気がつかないでごめんね**

一日の生活リズムができあがり、集団行動がスムーズに行えるようになるが、体調の不調は自分では伝えられない。しっかり様子を観察して気を配る。

**お母さんから借りた本を
「ありがとう」って
返してちょうだいね**

手伝いは自信につながり、できたことをほめると何度もしたがる。少し難しい手伝いをさせると、考える力とコミュニケーションをとる力が育つ。

**上手にお話できたね
先生も動物園に
行きたくなっちゃった**

会話がうまくなり、日常の出来事を思い出しながら話せるようになる。ごっこあそびでは、思いを膨らませながら言葉を交わし楽しんでいる。

> 動物園に
> 行ったん
> だってね!
>
> う〜んと、う〜んと、
> シマシマのと ゾウと、
> おさるさんが、
> いっぱいいて

保育ドキュメント

進級に向けて

2歳児クラス	12 名
保育者	2 名

保育の記録

アドバイス

10:00

3歳児の部屋にお邪魔して、朝の会に参加させてもらった。ランチルームで3歳児以上のクラスの子と食事をしたり、一緒にあそんでもらうことは、今までに経験してきたが、朝の会は初めてなので、みんな緊張していた。

進級に向けて、一人ひとりの成長を確認する必要があります。家庭での生活状態、家族構成によっては、月齢が高くても幼かったりすぐ泣いて訴えたりします。月齢が低いのにしっかり屋さんもいます。保育者に教えてもらうことが多いですが、集団の中で学んでいることもたくさんあります。その子の成長がこの年度末でどこまで伸びていたかが、保育の成果ではないでしょうか。

10:10

3歳児の部屋に入ると、ますます緊張……。保育者が「3歳のお兄さんお姉さんのように人の話を静かに聞いたり、挨拶をしたりを一緒にしたいんだって!」と話すと、3歳児は鼻をふくらませ「立派にできるさ」と姿勢を正す。2歳児も立派にできるもんと言わんばかりにまねっこ。保育者の声に合わせ、挨拶をしたり歌を歌ったり返事をしたりが上手にできて、部屋へ戻った。

大人でも緊張した後、ため息をついたり涙を流したりしますよね。子どもは平気、なんていうことはありません。たくさんのことをくり返し経験させましょう。慣れっこになってふざけにならないことが大切です。いいものはいい、ダメなことはダメの区別を忘れないようにしましょう。

10:15

「上手だったね〜」と声を掛けたとたん、緊張がほぐれたのか、けんかが勃発。なだめるのに苦労し、ほかの子に手を掛ける時間が少なくなってしまった。

「自分が自分が!」と自己主張することの多い年齢です。なだめてもなかなか心が落ち着かなかった原因を考え、だっこしてあげるだけでなく、気持ちを言葉にして話すなど、心を落ち着かせる方法を工夫しましょう。

10:20

保育者に甘え、心が落ち着き、いつものようにマイオシボリを持って、ランチルームに戻った。

非認知能力を育むことが、主体的な学びへとつながります。今後も発達や学びの連続性をふまえた保育を心がけていきましょう。

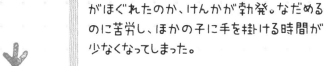 P.132　保育ドキュメンテーションに掲載

3月ドキュメント

全身を使った縄あそび

遊具

縄跳び用の縄の上を進んであそびましょう。2歳児でも、幼い時期から全身を使って体のバランスを整えることができます。皆と一緒に取り組むことで、やればできるという強い気持ちが育っていきます。能力に合わせ、一人ひとりの挑戦意欲を引き出し、次のステップへとつなげましょう。

あそびプロジェクト

3月プロジェクト

 準備　・長縄跳び1本を床に一直線に置く。順番を守ってひとりずつその上を進む。

縄を
ふまないようにね〜
上手だよ

競争じゃないから、
あたてないで跳ぼうね！

赤ちゃんみたいに
ハイハイできるかな？

縄を踏まないように、足を広げて、歩いて前に進む。

両足を曲げてピョンピョン。うさぎのように前へ進む。

赤ちゃんのようによつんばいになって、縄を踏まないように前へ進む。

配慮すること／明日に向けて

前の友だちに
ぶつからないように、
先生の合図で始めるよ！

初めに順番を守って列になること、保育者の合図があるまでスタートしないことを伝える。前の人との間隔を空けて、最後まで進む。

踏まないで進むのが
上手になったね
（具体的にほめる）

進みきったら、必ずほめる。子どもはそれを喜び、次への意欲になる。

約束を守らないとけがするよ

ルールを守ることで、ぶつかってけがをしたりしないように注意することを覚える。

保育ドキュメント

全身を使った縄あそび

2歳児クラス	**12**名
保育者	**2**名

保育の記録

アドバイス

9:30

縄を見て興奮したのか、「並びましょう」と声を掛けてもバラバラになってしまい、大声ばかり出していた。

導入の仕方を変えていれば、縄を見ただけで興奮するようなことはなかったのではないでしょうか?

9:35

保育者が先に手本を見せると、すぐにまねしたくなる子がいて、また大声を出してしまった。

この運動あそびのねらいは、乳幼児期からの系統だった運動により、体全体の機能の発達を促すことです。やがて、うんてい、鉄棒、登り棒など体全体を使う運動で、考えながらもしくは自然に体が反応するようになります。基本的、基礎的で、とても楽しめるあそびです。

9:40

大きいお兄さんお姉さんのあそぶ姿を見て、徐々に並べるようになり、得意になって運動する姿が見られ、優しく声を掛けることができた。

9:45

得意になって運動する子には、「上手だよ、すごいね!」と声を掛けた。でも運動の苦手な子や興味を示さない子には何と声を掛けていいのかわからず、時間だけが過ぎてしまい、縄あそびを終了した。

「上手だね」と声を掛けると同時に、どの動きが確実にできているかを見ることも大切です。嫌がる子には、無理強いしないこと。興味を示したときが、発達するときです。無理にするのは、けがのもとになってしまいます。「みんなを見ててね」と優しく声を掛けましょう。

並んで順番を待ち、自分の番への期待のワクワク感が保育者に伝わってきた。

年長までの連続した取り組みにより、平衡感覚、下肢の動かし方、次への挑戦、意欲、協力、人への励ましなどが身につきます。
「縄1本を侮るなかれ!」ですよ。

P.133 保育ドキュメンテーションに掲載

20XX年

3月

進級に向けて

3月15日

進級に向けて3歳児クラスの様子を見に行きました。身の回りのことで、自分でできることが増え何でもやりたがるようになってきています。3歳のお兄さんやお姉さんの様子は、大きな刺激になったようです。上手にできたときには、ほめたり励ますと意欲が湧き、自分への自信にもつながっています。

進級に期待感を持つように、3歳児の部屋に行き、「まねっこ」と思ったのですが、中には「ヤダ〜」と列からはみ出してしまう子もいました。

ハー、疲れた〜

並んで！　並んで！　並びましょ、と一人ひとりの顔を見て指示を出さなければ、上手に列になることは難しい。

足のお山さん、上手でしょ

3歳児が上手に座ることをほめてもらったのを聞いて、自分たちも仲間に入っていきます。ヤル気が出てきて、集団行動の意味を少しだけ理解したようです。小さな「ヤル気」を見逃さないようにしています。

ピッ！おっとっと〜

ちょっと難しい動きもまねっこして、同じ動きをできたと感じると笑顔になります。目で動きを追い（動視力）、脳の指令で体を動かすことをくり返すうちに、反射力が身につきます。

子どもの成長・発達

「異年齢児との関わりを楽しんだり、進級に期待を持つこと」をねらいに、3歳児クラスに行って、朝の会に参加しました。お兄さん、お姉さんたちのまねをして並んだり、座ったり、同じ行動をしようとするのは、進級に向けての意欲が育っているのです。また、人の話を注意して聞こうとしたり、指示を聞いて行動しようとしたり、

1年間の成長を見てとることができました。
家庭でも、お子さんが1年の間に身につけた様々な力を認め、成長をほめてあげてください。進級することには喜びだけでなく、不安もあります。その気持ちを受け止め、安心して3歳児クラスに進めるように支えてあげましょう。

ワンダーぐみ

保育ドキュメンテーション　　あそび

全身を使った縄あそび

20XX年 **3**月

3月17日

1本の縄の上をいろいろなポーズで進んであそぶことにしました。縄がなくても線があれば、楽しくあそびながら運動機能を発達させることができます。

子どもたちは成長につれて身のこなしもしっかりしてきました。

大きくなってからのハイハイは、足の指を使わずひざをついて前に進みます。ひざのみで進むと足のバランスが悪くおしりを振ってしまいます。2歳児のこの時期に、しっかり足の指を床に着け、蹴りながら進むことが脳への刺激にもつながります。

よつんばいは、おしりを上げひざを曲げて進みます。ひざの曲げ方がうまくできず、まっすぐのまま進んでしまいがちです。スムーズな動きにはひざの使い方が重要になってきます。

ピョンピョン跳びながら、前に進む動作は難しいものです。頭も使い、体も使います。

子どもの成長・発達

「楽しくあそびながら運動機能を発達させること」をねらいに、縄あそびをしました。縄の上をいろいろなポーズをとりながら歩いていく子どもたち。運動機能が着実に発達してきていることがわかります。

今後も縄あそびに取り組んでいくことで、平衡感覚、下肢の動かし方など、運動機能の発達をいっそう促していきたいと思います。

縄あそびをする中で、順番を守って列になる、合図があるまで待つ、前の人と間隔をあけるなど、細かなルールを守ることで、安全に取り組もうとする態度も育っています。

家庭でも、線に見立てたところをハイハイしたり、ほふく前進したりすることで、運動機能を高められます。ぜひあそんでみてください。

保育総合研究会沿革

1999年	10月	□保育の情報発信を柱にし、設立総会（東京　こどもの城） 　　　会長に中居林保育園園長（当時）・椛沢幸苗氏選出 □保育・人材・子育ての3部会を設置 □第1回定例会開催
	12月	□広報誌第1号発行
2000年	5月	□最初の定時総会開催（東京　こどもの城）
	8月	□第4回定例会を京都市にて開催
	9月	□田口人材部会部会長、日本保育協会（以下、日保協）・ 　保育士養成課程等委員会にて意見具申
2001年	1月	□第1回年次大会 □チャイルドネットワーク 　　「乳幼児にとってより良い連携を目指して」発行
	5月	□日保協機関誌『保育界』"シリーズ保育研究"執筆掲載 　　（翌年4月号まで11回掲載）
2002年	3月	□「From Hoikuen」春号発行 　　（翌年1月まで夏号・秋号・冬号4刊発行）
	10月	□社会福祉医療事業団助成事業 　　「子育て支援基金　特別分助成」要望書
2003年	3月	□年次大会を大阪市にて開催 □保育雑誌『PriPri』（世界文化社）で指導計画執筆
	6月	□日保協機関誌『保育界』"シリーズ保育研究"執筆掲載
	10月	□福祉医療機構 　　「子育て支援能力向上プログラム開発の事業」
2004年	3月	□ホームページ開設（2008年リニューアル）
	7月	□第16回定例会を横浜市にて開催
	10月	□子育て支援に関するアンケート調査
2005年	4月	□盛岡大学齋藤正典氏（当時）、保育学会で研修カルテを発表
	6月	□「研修カルテ-自己チェックの手引き」発行 　　（研修カルテにおける自己評価の判断基準） □チャイルドアクションプランナー研修会 　　（2回花巻／東京）
	10月	□椛沢・坂崎・東ヶ崎三役、内閣府にて意見交換
2006年	4月	□椛沢会長が自民党幼児教育小委員会で意見陳述 □日保協理事長所長研修会 　青森大会研修カルテ広告掲載
2007年	4月	□「保育所の教育プログラム」（世界文化社）発行
	5月	□保育アドミニストレーター研修会（東京）
	7月	□日保協機関誌『保育界』"シリーズ保育研究" 　執筆掲載（2008年6月号まで12回掲載）
	8月	□第25回記念定例会「保育所教育セミナー」開催 　　（東京大学　秋田教授）
	9月	□椛沢会長が「保育所保育指針」解説書検討 　ワーキンググループ（厚生労働省）に選出され執筆
2008年	7月	□日保協第30回全国青年保育者会議沖縄大会 　第1分科会担当
	9月	□日保協機関誌『保育界』"シリーズ保育研究"執筆掲載 □坂崎副会長が厚生労働省「次世代育成支援のための新たな 　制度体系の設計に関する保育事業者検討会」選出
	11月	□「新保育所保育指針サポートブック」（世界文化社）発行
2009年	1月	□サポートブック研修会（4回：花巻／東京／大阪／熊本）
	3月	□「自己チェックリスト100」（世界文化社）発行
	5月	□チェックリスト研修会（2回：東京／大阪）
	9月	□坂崎副会長が厚生労働省 　　「少子化対策特別部会第二専門委員会」選出
	10月	□日保協理事長所長研修会新潟大会　第4分科会担当
	11月	□「新保育所保育指針サポートブックⅡ」 　　（世界文化社）発行 □海外視察研修会（イタリア）
2010年	2月	□サポートブックⅡ研修会（4回：花巻／東京／大阪／熊本）
	8月	□坂崎副会長が内閣府 　　「子ども子育て新システム基本WT」委員に選出
	11月	□日保協理事長所長研修会岐阜大会　第4分科会担当
2011年	3月	□2010年度版保育科学研究 　乳幼児期の「保育所保育の必要性」に関する研究執筆
	6月	□サポートブックⅡ研修会（2回：函館／日田）
	9月	□保育科学研究所学術集会（椛沢会長発表）
	10月	□全国理事長所長ゼミナール分科会担当
2012年	3月	□2011年度版保育科学研究 　乳幼児期の「保育所保育の必要性」に関する研究執筆
	9月	□保育科学研究所学術集会（坂崎副会長発表）
2013年	2月	□保育サポートブック 　　「0・1歳児クラスの教育」「2歳児クラスの教育」 　　「5歳児クラスの教育」（世界文化社）発行
	4月	□坂崎副会長が内閣府「子ども・子育て会議」全国委員に選出
	9月	□保育科学にて神戸大学訪問 □保育ドキュメンテーション研修会（東京）
2014年	2月	□保育サポートブック 　　「3歳児クラスの教育」 　　「4歳児クラスの教育」（世界文化社）発行 □定例会を沖縄にて開催
	3月	□2013年度版保育科学研究 　　「乳幼児期の保育所保育の必要性に関する研究」執筆
	8月	□環太平洋乳幼児教育学会ポスター発表 　　（インドネシア・バリ島）
	9月	□保育科学研究所学術集会（椛沢会長発表）
	12月	□海外視察研修（スウェーデン／フランス）

2015年	1月	□「幼保連携型認定こども園教育・保育要領サポートブック」（世界文化社）発行
	3月	□2014年度版保育科学研究「保育現場における科学的思考とその根拠に関する研究」執筆
	6月	□次世代研究会 JAMEE'S 設立（高月美穂委員長）
	7月	□環太平洋乳幼児教育学会ポスター発表（オーストラリア・シドニー）
	9月	□保育科学研究所学術集会（鬼塚和典発表）
2016年	1月	□「幼保連携型認定こども園教育・保育要領に基づく自己チェックリスト100」（世界文化社）発行
	3月	□2015年度版保育科学研究「保育ドキュメンテーションを媒介とした保育所保育と家庭の子育てとの連携・協働に関する研究」執筆
	7月	□環太平洋乳幼児教育学会ポスター発表（タイ・バンコク）
	9月	□保育科学研究所第6回学術集会発表（矢野理絵）
	11月	□新幼稚園教育要領の文部科学省との勉強会開催 □JAMEE'S 保育雑誌『PriPri』（世界文化社）「子どものつぶやきから考える」執筆
2017年	3月	□2016年度版保育科学研究「保育ドキュメンテーションを媒体とした保育所保育と家庭の子育てとの連携・協働に関する研究」「乳幼児教育における教育・保育に関わる要領や指針の在り方に関する研究」執筆
	7月	□環太平洋乳幼児教育学会ポスター発表（フィリピン・セブ島）
	9月	□保育科学研究所第7回学術集会発表（田中啓昭・坂崎副会長）
	12月	□「平成30年度施行 新要領・指針サポートブック」（世界文化社）発行 □JAMEE'S 保育誌『PriPri』（世界文化社）「0・1・2歳児の養護」執筆

2018年	1月	□新要領・指針サポートブック研修会（4回：青森／大阪／東京／熊本）
	3月	□2017年度版保育科学研究「幼保連携型認定こども園の現場における3歳未満児の教育の在り方」に関する研究執筆
	7月	□環太平洋乳幼児教育学会ポスター発表（マレーシア・クチン）
	9月	□保育科学研究所学術集会（福澤紀子発表）
	10月	□「幼保連携型認定こども園に基づく自己チェックリスト100」 □「保育所保育指針に基づく自己チェックリスト100」（世界文化社）発行
2019年	1月	□新要領・指針に基づく自己チェックリスト100研修会（2回：東京／大阪）
	3月	□2018年度版保育科学研究「幼保連携型認定こども園の現場における3歳未満児の教育の在り方」に関する研究執筆
	9月	□保育科学研究所学術集会（岩橋道世発表）
	11月	□海外視察研修（アメリカ）
2020年	2月	□20周年記念年次大会（厚生労働省 鈴木次官）
	9月〜12月	□オンラインにて定例会3回開催
2021年	2月	□改訂版保育サポートブック「0・1歳児クラスの教育」「2歳児クラスの教育」「3歳児クラスの教育」「4歳児クラスの教育」「5歳児クラスの教育」（世界文化ワンダークリエイト）

定例会・年次大会には厚生労働省・内閣府・大学・医療機関などから講師を招き研修会を開催しています。現在会員は約100名。保育関係者などであれば誰でも参加できます。 （2021年2月現在）

〒574-0014　大阪府大東市寺川一丁目20-1　第2聖心保育園内
事務局長　永田久史　TEL072-874-0981 FAX072-874-0982
http://hosouken.xii.jp/hskblog/

2歳児執筆者一覧（五十音順）　2021年2月現在

秋山 尚子	中居林ふたば園	菊池 喜勢子	ドレミこども園	高月 美穂	藤原こども園	西田 佳那子	三芳昭和園
打田 修子	勝乃こども園	小橋 達也	ひまわり保育園	筒井 桂香	もとしろ認定こども園	東口 房正	こども園ふじがおか幼稚園
椛沢 幸苗	中居林こども園	櫻木 亜紀	三芳昭和園	寺田 和佳子	こども園こどまり	森川 道成	四季の杜保育園
椛沢 さやか	中居林こども園	谷川 弥紀	こども園ひがしどおり	永田 裕貴子	大原野こども園	山中 麻里	藤原こども園

●事務局
菊地 義行　境いずみ保育園
●監修
坂﨑 隆浩　こども園ひがしどおり
（保育総合研究会副会長）

監修　坂﨑 隆浩

保育ドキュメンテーションとは、「保育の可視化」によって子ども理解を深めたり、保護者等と保育の共有化や子育ての共同作業化をすることを目的にしています。子どもの会話や作品・保育VTRなどをもとに考察するのがヨーロッパ型の保育ドキュメンテーションですが、本書の保育ドキュメンテーションは、保育総合研究会によって生み出された日本型の保育ドキュメンテーションで、0歳児から積み上げられていく保育活動を中心に考察するものです。

2歳児の保育ドキュメンテーションは「生活」と「あそび」で構成されており、養護と教育に焦点があてられています。2歳児期は自我が芽生え、基本的生活習慣の確立を進めながら、あそびが広がっていく時期ですが、ドキュメンテーションを作成することで保育を見つめ直すのと同時に、子どもをさらにより深く理解することができるでしょう。またその提示は、保育者・保護者・地域が一体となって子育てをしていくためのツールとなることでしょう。認定こども園等では一部集団保育に移行していく2歳の生活の仕方や教育のあり方を、ドキュメンテーションを通して理解して頂ければ幸いです。

※開封する前に3ページを必ずお読みください。

監修	● 保育総合研究会	本文レイアウト	● 石山悠子
表紙イラスト	● Igloo*dining	CD-ROM作成	● 森デザイン事務所
本文イラスト	● 木村 文	校正	● 株式会社円水社
楽譜浄書	● 高橋摩衣子	編集協力	● 倉田恵美子
表紙・本文デザイン	● +++野田由美子	編集企画	● 塩坂北斗　飯田 俊

改訂版 保育サポートブック 2歳児クラスの教育 〜指導計画から保育ドキュメンテーションまで〜

発行日 ● 2021年3月10日　　初版第1刷発行
　　　　　2024年1月5日　　　第3刷発行

発行者 ● 大村 牧
発行 ● 株式会社世界文化ワンダーグループ
発行・発売 ● 株式会社世界文化社
　　　　　〒102-8192　東京都千代田区九段北4-2-29
　　　　　電話 03-3262-5474（編集部）
　　　　　　　　03-3262-5115（販売部）
印刷・製本 ● 図書印刷株式会社

©hoikusogokenkyukai,2021.Printed in Japan
ISBN 978-4-418-21703-8